中外文稀有版本文献

《反杜林论》

③

反杜林格论

【德】弗里德里希·恩格斯 ◎ 著
钱铁如 ◎ 译

中央编译出版社
CCTP Central Compilation & Translation Press

《反杜林论》的出版与传播

（代序）

恩格斯在《反杜林论》中对杜林的批判以及反对杜林主义的斗争，捍卫和发展了马克思主义，不仅使德国社会民主党摆脱了杜林主义的影响，确立了正确的思想理论基础，而且有力地推动了国际工人运动，促进了马克思主义在世界各国的迅速传播和发展。《反杜林论》一书在世界各国广泛的传播，甚至出乎恩格斯的意料，1884 年 4 月 11 日，恩格斯在获悉《反杜林论》在德国及其他国家，特别是在俄国产生了巨大影响后，写信给伯恩施坦说："对于随书寄来的《杜林》，我费了一点脑筋，后来认为是误寄给我的，也就放心地搁在一边了。我根本没有想到，这是暗示要出第二版。使我很高兴的是，事情果然如此，尤其是现在各方面都告诉我，这本东西产生了完全出乎我意料的影响，特别是在俄国。可见，尽管同不足道的对手进行论战不可避免具有枯燥的性质，但是我们百科全书式地概述了我们在哲学、自然科学和历史问题上的观点，还是起了作用。"130 余年来，《反杜林论》以多种语言出版各种版本，这些版本的传播在很大程度上反映了不同时代人们理解《反杜林论》的历史经验。

一　《反杜林论》在俄国及其他国家的出版与传播

众所周知，马克思恩格斯十分重视俄国的革命运动，并与俄国革命家有着密切的联系。1878 年 7 月 16 日，《反杜林论》刚刚出版一个星期，恩格斯就写信给 B. H. 斯米尔诺夫说，前一天已经寄给他了一本“反对杜林的著作”，并请斯米尔诺夫告知拉甫罗夫和洛帕廷的地址，恩格斯想把这本书也邮寄给他们。

1894 年，《反杜林论》第三版在斯图加特出版。同一年，沙皇俄国书报审查机关却颁布法令禁止它在俄国出版和传播。禁止的原因在于，恩格斯在其著作中“证明了由于现代资本主义生产方式所造成的不正常的社会经济生活，而导致的社会主义革命的必然性”。因此，《反杜林论》是一本“社会主义教义问答手册”，是民主党人进行宣传的“危险武器”。尽管如此，19 世纪 80—90 年代，《反杜林论》的部分章节还是在俄国被半公开或秘密地发表过几次，并成为“首批俄国马克思主义者的思想武器”。

19 世纪 80 年代初，曾有一本缩略版的《反杜林论》译本在莫斯科的“翻译者和出版者协会”出版。1884 年，“劳动解放社”出版了由查苏利奇翻译的小册子《社会主义从空想到科学的发展》，《反杜林论》中的“暴力论”一章也被作为附录收录其中。列宁高度评价了这个译本，认为查苏利奇这个工作是第一次尝试用俄语翻译《反杜林论》的理论财富。19 世纪 90 年代初，莫斯科马克思主义小组成员翻译了一系列《反杜林论》的片段，并发表在杂志上。彼得堡、喀山、莫斯科、萨马拉等许多城市的地下小组都学习和研究恩格斯这部著作，将其中的思想广泛地运用在理论斗争中。值得提及的是，1889 年至 1893 年，列宁在萨马拉生活时期阅读了《反杜林论》，并撰写了关于这部著作的内容概要，但这份概要没能保存下来。

1904 年，《反杜林论》俄译本在彼得堡雅科温科出版社出版，印数为 2450 册。该书的书名为《哲学、政治经济学、社会主义（杜林在科学中实行的变革）》，没有署译者的名字，实际上，它是由孟什维克马尔托夫根据德文第三版翻译的。

1904 年 10 月，《反杜林论》俄文节译本出版。列宁熟悉这个译本。1907 年 2 月，列宁在《卡·马克思致路·库格曼书信集》俄译本序言中指出，“这本书有策杰尔包姆的俄译本，可惜这个译本翻译得很糟，不仅有许多遗漏，而且有不少错误”。1907 年，B.雅科温科出版社出版了完整译本的《反杜林论》，标题改为《反杜林论（欧根·杜林先生在哲学中实行的变革）》。

十月革命胜利后，列宁领导的俄共（布）中央十分重视对马克思主义经典文献的收集、整理、翻译和出版，并专门成立马列主义研究院负责此项工作。《反杜林论》属于马克思恩格斯较为大部头的著作，直至 1945 年第二次世界大战后，马列主义研究院才出版了比较科学和准确的译本，这一版本共印行了 10 万册。在这个译本中，全部译文都根据 1894 年出版的《反杜林论》德文第三版校订和修改；在“政治经济学”部分中马克思撰写的第十章也根据保存在马列主义研究院里的手稿复印件校订；被列宁在其著作中引证过的地方，全部采用列宁的译文，正文也都采用列宁的术语。在这个译本的附录中还刊载了《反杜林论》的准备材料以及与该书相关的作品，其中包括第一次用俄文发表的恩格斯的论文《步兵战术及其物质基础》。1948 年，该版本再版发行。到 1960 年前，苏联曾用 18 种文字出了 63 种版本的《反杜林论》，总发行量达 2461000 册。

如前所述，尽管《反杜林论》在俄国产生了广泛的影响，但是，对于一部 40 余万字的大部头论战性著作来说，一方面，“多数人懒得读像《资本论》那样厚的书”，另一方面，把它翻译成其他文字也极为不易。因此，1880 年在法国出版的，根据从《反杜林论》一书中摘录出的三章整理而成的小册子《空想社会主义和科学社会主义》很受世界各国人民的欢迎。这部小册子用平铺直叙的方式阐明了科学社会主义的基本理论，用浅显易懂的语言平实地说明了唯物史观和剩余价值学说的创立使社会主义从空想变为科学的发展过程。正是“这本书在许多优秀的法国人的头脑中引起了真正的革命”。而《反杜林论》第一个不完整的法文单行本是 1901 年问世的，由保尔·拉法格和劳拉·拉法格翻译，巴黎“拉克”出版社出版。完整版则于 1911 由贾尔和布里埃出版社出版。此外，1956年出版的法文版《马克思恩格斯全集》也收录了《反杜林论》。

《反杜林论》曾多次被译成英文出版，除了在莫斯科出版的《反杜林论》英文版外，在英美也出版过不少版本的《反杜林论》。例如，美国于1907年在芝加哥首先出版了一部由刘易斯翻译的《反杜林论》。直到1934年，《反杜林论》的全译本才在纽约面世。1936年，英国劳伦斯和威沙特（Lawrence & Wishart）出版社在伦敦出版了该书，1975年再版。此外，《马克思恩格斯全集》英文版和《马克思恩格斯读本》等文集几乎均收录这部名著。

值得提及的是，1935年，《马克思恩格斯全集》历史考证版出版了《〈欧根·杜林先生在科学中实行的变革〉和〈自然辩证法〉》专卷（1935年莫斯科—列宁格勒版）。除收录恩格斯在世时出版过的三个版次《反杜林论》全文外，还发表了恩格斯《〈反杜林论〉的准备材料》和《步兵战术及其物质基础。1700—1870年》。1988年，《马克思恩格斯全集》历史考证版第二版第1部分第27卷发表恩格斯在世时出版过的三个版次《反杜林论》的全文，同时收录的还有恩格斯《〈反杜林论〉的准备材料》，1880年由《反杜林论》改编成的小册子《空想社会主义和科学社会主义》及其1883年德文版《社会主义从空想到科学的发展》。

此外，《反杜林论》还曾在波兰、罗马尼亚、阿尔巴尼亚、南斯拉夫、民主德国、朝鲜民主主义人民共和国和其他一些国家相继被翻译多次出版。

二　《反杜林论》在中国的翻译和传播

百余年来，《反杜林论》在中国得到广泛传播，几代中国读者阅读的该书包括吴亮平译本、中央编译局译本以及其他多种中译本。下面详述之：

1. 吴亮平译《反杜林论》及其重要版本

《反杜林论》被介绍到中国是在五四运动以后。1920 年前后，各地共产主义小组相继成立，马克思和恩格斯的著作得到较为广泛的传播。当时，《新青年》《国民》《每周评论》《建设》等进步刊物相继发表介绍马克思主义的文章和马克思主义经典著作的译文。1920 年 12 月，《建设》杂志 3 卷 1 号刊载了一篇题为《科学的社会主义与唯物史观》的译文，即是《反杜林论》第三编“社会主义编”的一部分。这篇译文是《反杜林论》一书中最早和我国读者见面的内容。而《反杜林论》第一个中译本在十年后才问世，译者是吴亮平。

吴亮平曾与张闻天、王稼祥、乌兰夫、左权、伍修权、朱瑞、赵一曼等共赴莫斯科中山大学学习，1927 年由张闻天等 5 人介绍加入中国共产党。最初，吴亮平翻译了《社会主义从空想到科学的发展》，这个小册子是《反杜林论》的一部分，从此与《反杜林论》结下不解之缘，产生了要把这部著作完整翻译出版的愿望。随后，吴亮平与张闻天一起合译了马克思的《法兰西内战》、列宁的《社会民主党在民主革命中的两个策略》《国家与革命》等马克思主义经典著作。正是在参与翻译大量马克思主义经典著作的基础上，他收集了关于《反杜林论》的资料，为翻译这一大部头著作做准备。

1929 年秋，吴亮平从莫斯科回到上海，在中共中央宣传部工作。1930 年 5 月，由于受到王明的打击，吴亮平被撤职，但他宣传马克思主义的决心没有改变。经地下党员张庆孚介绍，白天他在一所大学代课，维持生计；晚上进行支部规定的革命活动，夜里从事《反杜林论》的翻译。1930 年的上海被白色恐怖所笼罩，要秘密翻译一部 27 万字的理论高深的宏篇巨著，谈何容易！吴亮平遇到的困难是常人难以想象的。时值炎热的盛夏，酷暑难熬，他埋头于简陋的亭子间，挥汗译著。一方面，他时刻提防国民党特务的跟踪盯梢，饮食起居没有规律；另一方面，为了力求译文的准确，吴亮平根据德文原本，参照俄文和日文两种译本进行翻译。在这样的情况下，废寝忘食的吴亮平仅用了三个月的时间就译完了《反杜林论》这部“马克思主义的百科全书”。随后交给了上海江南书店出版。

1930 年 11 月，江南书店出版了吴亮平翻译的《反杜林论》第一个全译本。该书 32 开横排本，分平装和精装两种。米黄色封面，上端用粗黑体美术字横题书名：反杜林论。下端署有“上海”“江南书店印行”等字样。扉页赤字红边，正文横排，共 601 页。正文前还有写于 1930 年 10 月 26 日的“译者序言”。

《反杜林论》中译本出版不久，吴亮平就被国民党特务逮捕，关押在上海提篮桥监狱。他在监狱中坚贞不屈，团结同牢难友，同敌人进行了不屈不挠的斗争，把敌人的监牢变成了秘密宣传马列主义的特殊学校。吴亮平曾说，《反杜林论》幸好他译得快，不然，就有夭折的危险。如同 19 世纪德国的俾斯麦实行反社会党人非常法，没有能够禁止《反杜林论》在德国和欧洲的传播一样，《反杜林论》中译本一旦出版，就在中国扎根并得到广泛传播。

吴亮平翻译的《反杜林论》“在三年中间，曾经销行了四五版”，主要的版本有：1931 年 8 月，江南书店再版吴亮平译本。1932 年 7 月，上海笔耕堂重印，改竖排平装本，译者署名“吴理屏”。1937 年，上海生活书店重印，竖排平装本，译者署名“吴理屏”，书前有张仲实翻译的 V. Posner 的《〈反杜林论〉出版六十周年纪念》一文。这对当时的读者了解《反杜林论》一书很有帮助。1938 年 3 月，《反杜林论》又被上海生活书店重印一次，以应当时读者的迫切需要。1939 年 5 月，重庆生活书店重印，封面印有“世界名著译丛之三”字样，书前也收录了张仲实翻译的《〈反杜林论〉出版六十周年纪念》一文和“译者序言”。

1932 年，吴亮平被营救出狱。他辗转到中央苏区，从事经济工作。当时，毛泽东非常重视马克思主义著作的翻译和研究，想方设法从各处收集，其中就收集到了吴亮平翻译的《反杜林论》。毛泽东得到这部著作后爱不释手，并多次同吴亮平探讨《反杜林论》中的理论问题，用马克思主义基本理论深入探讨当时中国革命的实际问题。此外，毛泽东不仅注重书的内容，而且还注意译文是否优美。例如“哲学篇”第十一节末尾处，吴亮平用了“太过沉溺于杯中”一句话，毛泽东看了说：“这样好，有味。”他还认为吴黎平这个署名很好。

1937 年，吴亮平跟随红军经过长征来到延安，继续从事中宣部的工作。1939 年，在毛泽东的鼓励下，他花费半年时间，将《反杜林论》的译文根据苏联马克思列宁主义研究院 1938 年订正的新俄译本、德文原本和英文本重新审校一遍，更正了许多初译时由于地下工作条件恶劣而导致的译文错误。此时，延安已经建立了印刷厂，这个校订本就在 1940 年 8 月由解放社出版。全书为竖排 32 开本，用的是粗糙的通廉纸。书前有译者根据尤琴的文章编译的《〈反杜林论〉内容大要》，以及吴亮平于 1940 年 7 月 7 日写的《〈反杜林论〉中译本出版十年小序》，其中简述了《反杜林论》中译本的十年沧桑，并对该书的内容作了简明的提要勾玄，文中有注释。1978 年，吴亮平在《〈反杜林论〉中译本的五十年》一文中写道：“《反杜林论》的 1940 年校订本，对我说来始终具有很大的纪念意义。因为它是我在毛泽东同志的亲自鼓励督促下完成的。假如说，1930 年我第一次翻译《反杜林论》时，主要还是出于对马列著作和革命理论的朴素感情（当时我才二十二岁），那么到了这时，我在毛泽东同志教育下，对搞好《反杜林论》这本名著的译本的认识是比较提高了一些。”

直到 20 世纪 80 年代，吴亮平翻译的 1940 年版《反杜林论》还多次被重印，可见他的译本对于《反杜林论》在中国的传播具有重要作用。这些重印的版本是：1947 年 1 月，上海生活书店重印，32 开竖排平装本；1949 年 12 月，北京生活·读书·新知三联书店重印，注明初版，32 开竖排平装本，封面印有“马列主义理论丛书”字样；1950 年 11 月，生活·读书·新知三联书店重印，注明第二版，大 32 开，横排平装本，封面印有“马列主义理论丛书”字样；1951 年 5 月，生活·读书·新知三联书店重印，注明上海第四版，大 32 开，横排平装本，封面印有“马列主义理论丛书”字样，书后附勘误表；1951 年 6 月，生活·读书·新知三联书店重印，注明第三版，大 32 开，横排平装本，封面印有“马列主义理论丛书”字样，书后附勘误表。

1954 年，吴亮平在北京对《反杜林论》的译本作了第二次校订。这次校订是根据 1950 的俄文本，同时参照德文原本和 1954 年莫斯科的英文本校译的。校译工作早在 1951 年就开始了，直到 1955 年 12 月才全部完成。他重新翻译了《反杜林论》前十四章。1956 年 2 月，该校译本由人民出版社出版，注明新一版，大 32 开，横排平装本。书中有著者注、译者注、俄文版编者注，书后有吴亮平写于 1955 年 12 月 12 日的“校译后记”。这一版本到 1965 年 3 月共印制了 14 次之多。1963 年 9 月还出版了十六开大字本。

1973 年 3 月，周恩来总理在一次干部会上谈到，他同毛主席在一次谈话中提到了吴亮平。毛主席讲，吴亮平 30 年代翻译了《反杜林论》，把马克思主义引入中国，他是第一代马克思主义理论翻译者。后来在陕北为我和斯诺谈话做翻译，把中国共产党和中国革命情况介绍到全世界。大禹治水是用疏导的办法，有进有出，吴亮平在翻译上这一进一出，意义很大，其功不下于大禹治水。此后，毛泽东对吴亮平“其功不在禹下”的评论被广为传播，这促成吴亮平再次较为仔细地校对《反杜林论》。1974 年，吴亮平再次对译文根据德文版作了“名词上文字上的校订”后，由人民出版社出版了第二版。这个版本为大 32 开，横排平装本，书中有著者注、译者注、俄文版编者注，还增加了恩格斯《社会主义从空想到科学的发展》英文版导言。书后附吴亮平写于 1973 年 11 月的“校译后记”。该版共印制 15 次。1980 年 8 月，生活·读书·新知三联书店出版了吴亮平对《反杜林论》的第四次校译本，书后附有吴亮平写于 1978 年 11 月的“校译后记”。

2.《反杜林论》中译文的其他版本

新中国成立前，除了吴亮平翻译的《反杜林论》中文全译本之外，还有很多学者翻译了该书的中文摘译文或部分内容。尽管这些译本均不完整，但是对马克思主义基本原理和方法论在中国的传播也起到了不可忽视的历史作用。了解这些译文或译本的内容和版次，有助于思考马克思主义在中国的传播进程。这些译文或译本主要有：

（1）叶作丹摘译《反杜林论》哲学编第七节“自然哲学。有机界”中“达尔文学说部分”，标题为《达尔文学说之基础的要素》，载于1930年6月出版的《马克思学体系》第三册第39—41页。

（2）钱铁如译，《反杜林格论——哲学·经济学·社会主义·批判》（即《反杜林论》），1930年12月上海昆仑书店出版，该译本分为上下册，但现在只见上册，包括三版序言、绪论和哲学编。全书共228页，32开，竖排平装本。正文前有“译者的话”（写于1930年8月30日），书中有译者注。这个译本后来没有再版过。

（3）杜畏之摘译《反杜林论》第二版序言和“概论”部分第1—6自然段，标题为《反杜林论别序》《现代自然科学中之辩证法》，收录于1932年8月出版的《自然辩证法》第159—168、557—560页。

（4）程始仁摘译《反杜林论》“概论”部分，标题为《唯物辩证法与马克思主义》，著者译为“昂格思”。载于1930年4月上海亚东图书馆出版的《辩证法经典》第135—158页。

（5）周建人摘译《反杜林论》第一编第3、6、10、11、12、13节，第二编第2、4节，第三编第2、5节的部分章节和段落，标题为《杜林君在科学中的革命》。载于1948年8月出版的《新哲学手册》第24—84页。

（6）梁武译《新哲学典范》和《新经济学典范》，1949年10月上海文源出版社出版，《新哲学典范》包括：《反杜林论》第一版序言，引论第2节“杜林先生许下了什么诺言”和第一编“哲学编”。全书共127页，32开，竖排平装本。《新经济学典范》包括：《反杜林论》的第二编政治经济学编，书前有写于1949年7月的“编者序”。全书共134页，32开，竖排平装本。

（7）郑易里摘译《〈反杜林论〉的准备材料》第二编第二章和第三

编第一章，标题分别为《奴隶制度》和《傅利叶》，载于 1950 年 9 月版《自然辩证法》第 374—375、375—376 页。

3. 中央编译局编译《反杜林论》各版本

中央编译局在 1970 年 12 月编译并出版了《反杜林论》单行本。该文本正文根据《马克思恩格斯全集》德文版第 20 卷翻译，书后附《社会主义从空想到科学的发展》英文版导言，其正文根据 1958 年英文版《马克思恩格斯文选》（两卷集）翻译，同时参考了德文本和俄译本。书后还附有注释 230 条。后来这个译本收入 1971 年 3 月出版的《马克思恩格斯全集》第 20 卷。1972 年，这个译本又被收入《马克思恩格斯选集》第 3 卷。

1995 年，中央编译局编译出版《马克思恩格斯选集》中文第二版，其中第 3 卷收录了根据德文本重新校改的《反杜林论》。1999 年，《反杜林论》单行本的第二版出版。这个版本主要采用《马克思恩格斯选集》第二版第 3 卷中《反杜林论》的译文，同时也根据德文本再次校改过。为了方便研究者对《反杜林论》的深入研读，这版单行本还收录了《〈反杜林论〉的准备材料》和《马克思和恩格斯关于杜林和〈反杜林论〉的书信摘选》。2009 年，中央编译局编译出版的《马克思恩格斯文集》第 9 卷收录《反杜林论》译文，其正文主要根据《马克思恩格斯全集》历史考证版和《马克思恩格斯全集》德文版作了新的审核和修订。在这里还收录了《〈反杜林论〉的准备材料》，恩格斯的《步兵战术及其物质基础。1700—1870 年》，以及恩格斯在《社会主义从空想到科学的发展》中对《反杜林论》正文所作的补充和修改。2012 年，中央编译局编译出版《马克思恩格斯选集》中文第三版，在第 3 卷中再次收录《反杜林论》，其译文同《马克思恩格斯文集》的译文。在 2013 年即将出版的《马克思恩格斯全集》中文第二版第 26 卷中，《反杜林论》经过与原文再次核校和修改被收录其中，值得提及的是，在这卷中除了在《反杜林论》正文后附了《〈反杜林论〉的准备材料》和《步兵战术及其物质基础。1700—1870 年》两篇相关材料外，首次附上了马克思为《反杜林论》政治经济学部分撰写的两篇材料，即《评杜林〈国民经济学批判史〉》和《经济表及若干批注》，恩格斯正是根据这两篇材料写成第二编第十章《〈批判史〉论述》。

此外，民族出版社根据中央编译局翻译的《反杜林论》中译本出版了蒙文版（1972 年 12 月）、藏文版（1973 年 8 月）、维吾尔文版（1972 年 7 月、1978 年 6 月两版）、朝鲜文版（1972 年 10 月）、哈萨克文版（1975 年 10 月）等民族文字译本。新疆人民出版社于 1977 年 3 月出版托忒蒙古文版。

《反杜林论》各中译本使恩格斯撰写的这部马克思主义经典著作在中国得到了广泛的传播，在一定程度上反映了中国先进知识分子和马克思主义理论家翻译、研究和传播马克思主义的历程，也在一定程度上反映了中国读者接受、理解和思考马克思主义理论的历程。回顾这一历程，可以帮助我们从文献传播的视角理解中国马克思主义理论发展的学术背景，这对我们进一步促进马克思主义中国化、时代化和大众化无疑具有不可忽视的借鉴意义。

（本文来自 2014 年中央编译出版社出版的姚颖所著《恩格斯〈反杜林论〉研究读本》有关内容。）

1930

反杜林格論

上　册

恩格斯著

錢鐵如譯

HERRN EUGEN DUHRINGS UMWALZUNG DER WISSENSCHAFT

崑崙書店版

反杜林格論

—哲學 經濟學 社會主義 批判—

恩格斯著　錢鐵如譯

上冊

緒論　哲學篇

崑崙書店版

1

譯者的話

本書原名 Herrn Engen Dührings Vmwälzung der Wissenschft（衞根・杜林格君的科學之變革），是恩格斯的主著之一。因爲原著屢有 Arti-Dühring 的簡稱，遂沿用之而名爲『反杜林格論』。

恩格斯著這本書的原因。他自己已在序文中詳細說過，不須譯者贅述。至於本書的價值，俄國伊・亞戈爾曾在所編之『馬克思主義基礎』（卽本書的縮編本）一書的序文中說：『馬克思的「資本論」和恩格斯的「反杜林格論」，同是馬克思主義文獻上佔第一位的著作。恩格斯的這本書，關於馬克思主義的哲學、經濟學、以及科學的社會主義，含着極豐富的理論材料。凡在本書之後產生的一切馬克思主義的作品，多少都是這個基本著述的展開或通俗化，尤其在哲學的領域如是」。——由此，便可知道本書的重要性。

本書的論述，涉及了哲學、自然科學、經濟學、社會主義等一切部門，是一部體系極爲廣汎的著作，翻譯這本書的人，也應該對于各部門都有精深的研究，才能勝任愉快。譯者自顧學力淺薄，原無担負這一任務的勇氣，承朋友們的再三鼓勵和允許帮助，才大胆地開始工作。至於譯文方面，譯者本想努力地使其忠實和淺明，但因原著的艱深難解，誤譯和生硬之處，一定不少，希望讀者隨時指正，有機會再版時，即當盡量修改。

譯者爲讀者的便利起見，對于人名件名，盡自己所知的，一一加以簡略的註釋，橫寫于各頁下方的空白上（也有因字數太多而附于各段之後者），但以不甚普及者爲限，至于人所共知的人物，如亞里士多德，李嘉圖，黑智兒，達爾文等等，一概從略。再則因爲有些讀者感受經濟的困難，不能多備參考書，而本書的專門用語過多，讀時身邊若無辭典，理解上確有一點障碍，譯者爰就書中的用語，提要簡釋，附于全書之末，以便檢查。

最後，我把杜林格的歷史簡略地介紹一下。杜林格在一八三三年生於德國柏林城，初習法律學，其後轉而研究哲學、經濟學，改宗社會主義，曾任柏林大學私講師（一八六四——一八七七）。他的學說，『無所不包，把萬事萬物都納入研究範圍中』，自稱爲『創造的體系』，本書的駁論，所以涉及許多的部門，也就是基於杜林格的體系的廣汎。杜林格的著書甚多，最代表他的思想的，就是『哲學講義』，『國民經濟學及社會經濟學講義』，『國民經濟學及社會主義批判史』等書。他死於一九二一年。

一九三〇 八 三〇 譯者

反杜林格論 目次（上册）

目次 二

著者對三次版本的序文

一（初版）

這個著述，絕不是由於什麼『不能抑制的情緒』寫出來的，實是恰恰相反。

當三年前，杜林格君忽然以社會主義專門家，同時又以改良家在世上挑戰的時候，我的住在德國的朋友們，再三向我說，希望我在社會民主黨的中央機關報——當時叫做『民衆國家』(Volksstaat)的上面，給這嶄新的社會主義學說一個批評。他們認為在使組織還極幼弱現在漸告統一的黨，沒有發生派別分裂和議論紛亂的新機會上，這實在是絕對必要的工作。關于批評德國形勢的這一點，他們比我們更能優長，所以我有信任他們的義務。同時，這個新的社會主義改宗者，還得了一部分

著者對三次版本的序文

二

社會主義機關報的好感，這種好感，雖然單是對杜林格君的美意來的，而同時却在這種黨的機關報上，看出牠於信服杜林格君的美意之餘，還表現了將要無條件地採用杜林格君的學說之意。現在還想用通俗的形式，把這種學說傳播到工人中去的人，都已經有了。並且，杜林格君及其同派的小數分子，爲了硬要『民衆國家』對于這個揭出那種勇敢要求的嶄新學說，採取眞確的態度起見，竟使用了一切廣告和計謀的手段。

雖然如此，而我打算丟開旁的事情來着手這件不爽快的工作，却也鬧到一年了。這件工作，乃是一經着手便要做完畢的工作。然而牠不但是極不爽快的工作，且是很廣汎的工作。這個嶄新主義的社會主義學說，已經表現爲嶄新的哲學體系之最後的實際成果了。因此，我的工作，就成了把這學說和這體系關聯起來而研究的工作，也就成了研究這個體系本身的工作，換一句話，就是跟着杜林格君的後面走，走進他的無所不包，把萬事萬物都納入研究範圍的那廣汎領域中。這樣，便完成了一套接連寫下來的論文，從一八七七年以來，陸續在『民衆國家』的繼承者——萊沛季西(Leipzig)的前進(Vorwärts)上登載過，本書便是集錄的那些登載過的文章。

因此，批評便詳博得和這對象——杜林格君的著述——所具的學問內容極不相稱了，這是對象的性質促之使然的。但是，就促成那樣詳密的原因說，還有旁的兩種事情。第一，牠給了我一個機會，使我能在這里所要論列的許多方面，積極地敘述我對于今日具有一般的學問興趣或實際興趣的問題之見解。這一層在各章中都實現着。這個著述的目的，雖不在于拿旁的體系，來對抗林林格君體系，但也希望讀者不要看漏我所述的見解的內部關聯。我的著述在這一點上，不能算是完全無益的東西，關于這層我已有着充分的證據。

另一方面，所謂『構成一個體系』的杜林格君，在現時的德國，絕不是例外的現象。不久以前，在德國，曾經一夜的工夫，叢生了宇宙創成論、一般自然哲學、政治學、經濟學等等的體系，那怕極貧弱的哲學博士，甚至于學生，都已經不能在完成了的『體系』之下滿足了。如同近代國家中，預定着國家的一切市民，對于自己所能票決的問題，是能夠批判的一樣；如同經濟學上假定着一切消費者，都是自己生活上所經常要買的一切商品的熟悉着一樣，——在科學上，現在也完全和那一樣地被考察着。所謂科學的自由，就是人們寫出一切沒有學習的問題，以爲這樣便成了惟一嚴密的科學方法的話。杜林格君便是那種極不眞確的科學最顯著的典型之一，這種不眞確的科學，目今在德國的到處大肆猖狂，用喧鬧不已的譫語壓倒着一切。在文學、哲學、政治學、經濟學、歷史學上喧鬧不已的譫語，在講壇和演台上喧鬧不已的譫語，到處傳播的譫語，比旁的國民之單純而庸俗的譫語不同，自稱優越和思想深刻的譫語，喧鬧着自己是德國知識的工業上最特質最大量的生產物的譫語，只恨不曾和旁的德國工藝品一齊送到菲拉德耳非亞（1）去陳列、却是同一不值錢而拙劣的譫語。甚至德國的社會主義學問中，尤其從杜林格君作了好榜樣以來，最近亦產生了一些顯著地盡力于喧鬧不已的譫語，以誇示其『實際上什麼都不知道的科學』的人們。這是德國大學生初皈依於社會民主主義時候的特徵，且是不能和這一時期分離的幼稚病。可是，那定要被我們工人極健全的精神所克服。

即令說我只能在當個好事家的範圍內追隨杜林格君，但這決不是我的罪狀。在

（1）菲拉德耳非亞（Phil delphia）是美國的一個都市，美國離英獨立的發源地，1887年的萬國博覽會在此開會。

這種地方，我只是對于許多被對方弄錯誤或邪曲了的主張，拿出正確不可爭的事實來對抗而已。比如在法律學上，在自然科學上的許多地方就是例子。旁的有些地方的研究，觸着了理論的自然科學上的一般見解，這種見解，乃是自然科學的專門家，猶且要跳出自己的專門去接近牠的領域——即是據斐爾學（1）自己的聲明，那怕專門家，也要和我們外行一樣，只能『半解』的領域。在這複雜的著作中，辭句上定有少許不正確和不得已的錯誤，我希望人們以平時相互間的寬恕來原諒我。

寫完這篇序文的時候，又看見了杜林格君自己替書店作的廣告，介紹他自己的新的『重要』著作——『理論物理學及他學的新原則』。我自己承認對于物理化學的知識，非常不够，但是因爲熟悉我們杜林格君的原故，所以雖沒有拜讀過這本新著作，却以爲仍可這樣的斷定：這書上所寫的物理學及化學的法則，其誤解或平庸之點，定和那曾被杜林格君所發見，我的著作上所評論的經濟學，世界圖型論等等的法則，是伯仲之間的東西；並且，杜林格君所造出來的低溫表——這測定最低氣溫用的器械，倒不管高溫也好低溫也好，牠反正不能作爲測定氣溫的標準，只算得

（1）斐爾學（Virchow 1821—1902），德國病理學兼人類學者，又是政治家。著有「細胞病理學」等書，在病理學上，建立了細胞理論，爲人所祖述。

著者對三次版本的序文　六

杜林格君的無知厚顏的標準。

一八七八年、六月十一日，寫於倫敦。

二（再版）

本書又印刷了新版，這是我完全沒有預料過的報告。因爲本書所批判的對象，現在已經完全忘了，加之這書的本身，不僅在萊浦季西的『前進』報上，經一八七七和一八七八兩年的繼續登載，斷片的爲幾千讀者所讀過，並且作爲合訂本和單行本出版過好多册。然則我在幾年前對于杜林格君所不能不說的事件，如何今日還繼續地感覺興味呢？

第一、我要把牠歸到下面的情形上：這本書，也和當時還流通着的我的一切著述一樣，社會主義法公布後就被禁止了。然而凡沒有被神聖同盟諸國之傳統的官僚主義所毒害的人們，定會知道：這個法律的效果，只能成功被禁的書籍反而發行到兩三倍，只能曝露柏林當局諸公，無力把頒布了的禁止令實現出來，就是說，事實上，因為德國政府的美意，使我這本小著，能出乎我的預料之外增印了新版。我沒有工夫來適當的修正本書，大體上只好仍照原版去印刷。

但是，另外還有一個情形：這本書所批評的杜林格君的『體系』，跨着非常廣汎的理論領域，無論他走到那裏，我都要跟在後面，拿我的見解來對抗他。因此，消極的批評變成了積極的，論戰變成了馬克思和我所主張的辯證法的方法及共產主義世界觀之多少統一了的說明。並且牠占着很多的領域。我的這種思惟方法，從初在馬克思的『哲學之貧困』和『共產黨宣言』中問世以來，經過了二十年的潛伏狀態，到『資本論』出版後，遂加速度地不絕地擴大其勢力範圍，現在已經突破歐洲的國境，在那些一方有無產階級存在，他方有勇敢的科學理論家存在着的一切國家內・獲得了承認與擁護。所以我以為定有些人們關于這一問題，像下述的那樣感到興趣，即是對于今日已經不成對象的杜林格君的學說之爭論，忍耐聽下去，同時好取爲那和牠相關聯而敍述着的積極議論。

還要順便地聲明一下，這本書上所敍述的思惟方法，大部分是由馬克思樹立的，由我構成的只有很小的部分，所以我的敍述，自然也是和馬克思商量後做的。我把所有的原稿，都讀給馬克思聽過，並且關於經濟篇的第十章——『批判史』——，還是馬克思寫成的，可惜因爲體裁的關係，我不能不加以多少的删減。在特別工作上，相互幫助成功，這是我們老早就習慣了的事情。

這次的新版，除開一章外，其餘仍照前版。在說明上，我本想變更許多部分，然同時却又沒有通體修正的工夫。總而言之，我負有整理馬克思遺稿來出版的義務，這是比任何事務都重要的工作。其次，我的良心，制止了一切的變動。這個著述，是論戰的著述，在對方所不能改動的地方，我這方面也什麼都不修改，我相信這種辦法，確是對於對手方的義務。我現在只能要求有權利再對答杜林格君的回復。然而杜林格君爲答復我而寫的文章，我却還沒有讀過，如無特別理由，恐怕不去讀牠了。在理論上，我應當和他告一終結，而且因爲後來杜林君曾被柏林大學加了卑

著者對三次版本的序文

斷的迫害(1)，我對他更要遵守辯論的公約。固然，該大學曾爲這件事受了譴責，但在盡人皆知的情形之下，敢於剝奪杜林格君的教授自由的柏林大學，若在同一情形之下，壓迫了休衛令蓋耳(2)，也算不得奇怪。

我不客氣地附加註釋的惟一之章，就是第三篇題名『理論』的第二章，這是因爲在專以我所主張的見解爲中心點而敍述的本章，我更加通俗地敍述而且補足了前後的脈絡的原故，這樣聲明之後，對方該不能詰責這件事了吧！然而這是由外部的事情促成的。因爲我的法國朋友拉法格(3)要把這書的三章(緒言第一章和第三篇的一二兩章)譯成法文，便替他改寫成了一本單行的小册子，這個法國版，隨卽做了意大利版和波蘭版的底本，其後又以『空想的社會主義到科學的社會主義』的標題，出版了德文本。這書在幾個月的當間，重印了三版，又譯成了俄文和丁抹文。在這各種版上，只把現今成爲問題的一章補足了一下，我如果在這原著的新版上，還要拋棄成了世界讀物之後的文章，而固執着最初的詞句，那恐怕就是誇衒的行爲了。

此外，我還想變更的，主要的就是下面的兩點。第一、是關於人類的原始史方

(1)指1877年杜林格與大學衝突而去職的事情。

(2)休衛令蓋耳(Schwenmger)，是個鄉村醫士，畢士馬克提拔他當柏林大學醫學院的臨床學教授。

(3)拉法格(Lafarger 1842-1911)，法國社會主義者，在法國介紹馬克思主義最力的人物。著有『歷史上的唯物主義與理想主義』等書，1911年與其妻同時自殺。

面的，這是因爲莫爾甘(1)在一八七七年才提供一柄鑰匙的原故。然而我在此後所著的『家族私有財產及國家之起原』(一八八四年，Zurich版)中，其時我已經得到了處理我所得到的材料的機會，所以這裏只要指出那個後來的著作就夠了。

第二、就是研究理論的自然科學之部分。這一部分的敍述，原來極其笨拙，而且如今已有許多地方，能夠明瞭與確實的表現了。卽令我沒有改正這部分的權利，並且惟其沒有這種權利，自己便應該担負批判牠的義務。

把意識的辯證法，從德國唯心主義的哲學中救出來，引到自然和歷史之物質的見解中去的，恐怕馬克思和我是惟一的了。但是，在自然辯證法的見解而同時又是物質的見解上，數學和自然科學的知識，確是必要的東西。馬克思根本就是數學家，我們便只算得斷片的、割裂的、提要的理解一點自然科學。因此，我就歇了商業回到倫敦，抽出工夫來盡可能地從事於完全數學和自然科學的　借李必洗(2)的話說——『羽毛脫換』(mauserung)，而八年光陰的大部分，都費在這上面了。我遇着應該把杜林格君的自然哲學作問題來討論的機會，正是我的脫換過程走在當

(1)莫爾甘(Margan 1818-1881)，美國考古學者，其著名『古代社會』，爲研究古代社會者所宗。
(2)李必洗(Liebig 1803-1873)德國化學家有機化學的建設者

中的時候，所以往往不能找出適當的專門用語來，難怪在理論的自然科學領域，一概稍現難色的了。但是，另一方面，因爲自己意識着還沒有十分脫離不確實的境域，反而使得我深深地加了注意。所謂違背當時一般已經知道的事實之明白的錯誤，毀謗當時已被承認的學說之錯誤的叙述，不會有人能夠向我指摘吧。關於這一點，只有一位基於誤解的偉大數學家，給馬克思一封信，說我不正當地傷害了〈一〉的名譽。

當我略述數學和自然科學的時候，當做問題的，不消說，就是在各個點上——我這方面，雖然對於全體都無何等疑問——確信以下的事實，就是確信在自然方面，也有那種在歷史中支配着外觀上偶然顯現的事件之同一辯證法的運動法則，把無限變化的錯綜貫串着。這種法則，是在人類的思惟發展史上，造出一貫下去的一根絲而漸漸達到思惟的人類之自覺的同一法則，是在黑智兒手中才包括地叙述而同時又以神祕的形式叙述出來的法則。然而把這法則從神祕的形式中取出來，從事於明白地理解牠的單純性及一般適用性的的確是我們的努力之一。向來的自然哲學——

雖然實際上，其中藏着許多優點和許多有用的胚種註——沒有給我們一個滿足，實係理所當然。本書內詳細說過，自然哲學，尤其在黑智兒的形式上，對於自然並未認識何等時間上的發展，就是只認識了『並列』而沒有認識『連續』，這一點確是一個缺陷。這見解，在把歷史的發展，單歸之於『精神』的黑智兒體系之本身的上面，是有根據的，而同時，在當時自然科學的一般立場上也有根據。所以，在這一點上，黑智兒比康德遠爲落後，因爲康德的星雲說，既說明了太陽系的成立，而發見海潮妨害地球的自轉，又說明了太陽系的消滅。最後，我以爲問題並不是把辯證法的法則，嵌進自然中去，反之，在自然中發見這一法則，依據自然去發展這一法則，才是問題。

註跟着卡爾浮古特(1)這樣無分曉的俗人，攻擊向來的自然哲學，這比批評牠的歷史的意義要容易得多。牠中間雖還包含着許多的不合理和空想，但並不像該時代的經驗的自然學者之非哲學的理論。其實另一方面，牠包含許多的意義和理論，這件事在發展說傳播以來已被承認着。例如赫克爾(2)承認托列維拉

(1)卡爾浮古特(Kare Vogt 1817-1892)，德國自然科學者。他是想以自然科學說明一切的極端唯物論者。
(2)赫克爾(Hackel 1834-1919)，德國動物學者，達爾文進化論的有力擁護者，且是進化論完成者。
(3)托列維拉士。(Trevcranrns)
(4)奧肯(Oken 1779-1857)，德國自然學者。

士(3)和奧肯(4)的功績，就完全正當的。奧肯所當做原漿和原胞而作爲生物學之公準的東西，後來經實際上發見那就是原形質和細胞。特別是關於黑智兒，他比當時經驗派的八們超絕得遠，那些八們，或者對於一切不明瞭的現象，就給牠一個力——重力、浮遊力、電氣的接觸力等等——去加以說明，若是不可能的時候，便給牠一種不明的原素、光素、熱素、電素等等去加以說明。空根的諸力，現在簡直被排除淨盡了，然而被黑智兒所克服了的力的眩惑(Kr f tsehwinder)，雖說滑稽點兒，偏還表現着，比如一八九六年黑魯木霍次(5)之英士布魯克的講演中就有這情形(黑魯木霍次通俗講演集、第二號、一八七一年、一九〇頁)。黑智兒對於從十八世紀的法國人傳來的對牛頓——英國太過於給了他的名譽和富裕的牛頓——的偶像化，他說在德國被餓死了的開勃拉(6)，才是近代天體機械學的眞正創造者，牛頓的重力說，已經明顯地在開勃拉的法則——且是第三法則中包含着。黑智兒在自然哲學的二七〇節和補遺中(黑智兒著作集、一八四二年、第七卷、九八頁及

(5)黑魯木霍次(Helmholz 1821-1894)，德國物理學兼哲學者，其主著爲「物理學的光學論」「力的不滅論」「認識研究」

(6)開勃拉(Kepler 1571 1630)，德國天文學者，他研究天文學的結果，發見了三個法則:1,遊星以太陽爲焦點，沿其橢圓周而運動;2,把遊星的中心和太陽的中心連結起來的直線，在同一時間內，常是旋轉成等積的面積的，3;凡遊星繞太陽的時間之二乘，與遊星到太陽的平均距離之三成爲比例。他的著述甚多，尤以「星學的秘密」，「新天文學的本質」爲名著，有「天界立法者」之稱。

一一三——一一五頁），用寥寥數語的簡單方程式來證明的這件事，在那最新數學的力學之結果——格斯塔夫·基爾喜和夫（1）的『數學的物理學講義』中看得見（見該書第二版、一八七七年萊浦季西出版、一〇頁）。而且他所採取的形式，根本就和從黑智兒才開始敘述的是同一的簡單數學形式。自然哲學者對於意識的辯證法的自然科學之關係，正和空想社會主義者對於近代共產主義之關係一樣。

然而在全體上，在各個領域內，作這件事卻是很大的工作。不但要克服的領域是無限的，而且在這全領域內，自然科學的本身，也還在於應該完成的變革過程之中，這種變革過程，那怕能夠把一切時間都提供在牠上面的人們，猶恐不能追及。加爾馬克思死後，我的時間，費在更切實的義務上了，所以我自己的工作，不能不中止下去。我現在只好拿這書中所述的暗示來自慰，等到將來有了機會，再集合我自己所得的結果，連同馬克思關於數學方面的極重要之遺稿，一齊出版。

但是，恐怕理論的自然科學進步的關係，我的工作將大部分或全體不需要了。

（1）格斯塔夫·基爾喜和夫（Gustav Kirchhoff 1824-1887），德國天文學者兼物理學者，關於光的輻射及吸收的法則是他發見的。

爲什麼呢？因爲把多量地聚集攏來的純經驗的發見，加以整理的這種簡單的必要，牠對於理論的自然科學所促成的革命，是儘管極頑強的經驗家，都非意識自然現象的辯證法性質不止的基底。從來所認定的不變的對立、明瞭而劃然的界限，逐漸歸於消滅了。從最後的『純粹』氣體都被液體化的這件事成功以來，能夠說某種物體是處在不能辨別其爲液體或氣體的狀態上的這句話以來，凝集狀態也完全失了以前的絕對性質。完整的氣體方面，各個氣體分子的運動之速力的自乘，在同一氣温下，與分子的重量爲反比例，由於這種力學的氣體說的命題，熱便成了能夠直接計量的一種運動形態之一。十年以前，新發見的運動大原則，還被認做是單純的能的保持原則，是說運動不生不滅的簡單表現，就是說，單從牠的量的方面觀察過。然而那種狹隘的消極的表現，漸被能的變化這積極的表現所排除，有了能的變化這東西，過程的質的內容才被正當理解，對於世界外的創造者的最後記憶，也消滅了。運動(所謂能)的量，牠從力學上的能(所謂機械學的力)變化而爲電、熱、某種狀態之潛勢的能等等，縱然倒過來，從後者變化而爲前者，也還是個不變，這件事，現在已不須當做新的事實作宣傳了。現在內容極豐富的研究，已經確認物是變化過程自身的基礎，是那認識上包括着自然的一切認識之巨大根本過程的基礎。又，生物學爲進化論的光亮所照臨以來，就是有機界的領域也漸漸消滅了分類的確定界限，而不能分類的中間體，簡直一天增加一天；更精密的研究，把有機體從這一種類編入那一種類，而成了信條的區別標準，簡直失却了絕對的有效性。我們現在知道確有產卵的哺乳動物，如其報告不是錯誤的話，連匍匐的鳥都有。幾年前，斐爾學發見細胞的結果，已經要把各個動物的統一體（與其說是自然科學的及辯證法的，寧說是進步的）分解爲細胞的聯合，一樣，動物的（也就是人類的）個性這概念，因發見了那種長成變形虫狀態而運動於高等動物體內的白血球，非常複雜化了。但是，那被人看做不可調和的兩極的對抗，勉強規定的界限和分類，對於近代理論的自然科學恰給了一種狹隘的並形而上學的性質。以爲那種對抗在自然方面而有是有的，但只有相對的適用性的認識，反之，以爲對於那種對抗所承認的不變性和絕對的適用性，是因吾人的反省而移到自然中去的認識，這種認識成了自然辯證法的見解之核心。人們被不斷地集積攏來的自然科學的事實所強迫，自能達到那種見解。但是，倘若把辯證法的思惟法則之意識，和此等事實的辯證法之性質合一起來，那就更加容易能夠達到那種見解。總而言之，自然科學現在已進步到不能脫離辯證法的統轄了。假使自然科學而不忘却：經驗被包括的結果就是概念；同時，處理這概念的技術，既不是天賦，也不是與普通的日常意識一起獲得的，牠有眞實的思惟——長期經驗的歷史（即是需要那經驗的自然研究之思惟），那末，在自然科學上，這過程或許更加容易了。自然科學，因爲獲得了哲學的二千五百年間的發展之成果，牠一方定要脫離那存在於自己之外或自己之上的自然哲學，他方定要脫離那從英國經驗主義傳給的一種狹隘的思惟方法。

一八八五年、九月二十三日，寫於倫敦。

三（第三版）

這個新版，除很少的地方，作了文字上的訂正外，其餘仍與前版無異。只在第二篇的第十章——『批判史』——的這一章內，有許多重要的追加，那是根據下述的理由來的。

已在第二版的序文上說過，這章的一切重要部分，都是馬克思所寫的。我因爲最初是當做雜誌的論文體裁寫成的，所以把馬克思的原稿删去了好多，並且對於杜林格君的宣言下批判的方面，倒比對於經濟史的說明成了附屬的部分，在這點上也不能不删減。然而原稿至今還重要而有永久興味的部分，簡直就是這一部分。馬克

著者對三次版本的序文　二〇

思對於白第(1)，諾士(2)，洛克(3)，休姆(4)這類的人們，給了一個古典經濟學發生史的適當地位，他的這種敍述，我有盡可能完全地按照原作出版的義務。尤其是他對開烈(5)的「經濟表」的說明，指個表是極最近的經濟學都不能解答的一個謎。反之，凡完全關係杜林格君的著述的部分，只要結構上不發生笑話，倒把牠塗銷了。

總而言之，我認爲滿足的，是本書所述的見解，從前版以來，傳播到科學及工人階級的一般意識中去了；並且還傳播於世界文明諸國去了。

一八九四、五月二十三日，寫於倫敦。

(1)白第(Patty 1623——1687)'英國經濟學者，他認爲土地和勞動是富的根本泉源，因而成爲重農派的先驅。
(2)諾士(North 1641-1690)英國經濟學者，初期的自由貿易論者。
(3)洛克(Locke 1632-1704)，英國哲學者經濟學者，屬於重農學派。白第，諾士，洛克，在當時經濟學上，有三傑之稱。
(4)休姆(Hume 1711-1776)，英國實證哲學者經濟學者，亞丹斯密的先導，關於經濟學的著述有。政治論說。
(5)開烈(Quesnay 1694-1774)，法國重農學派經濟學的開山祖，他的『經濟表』，是重農學派的聖經。

緒論

一 概說

近代社會主義，就其內容上說，牠的發生，一方是由於認識了近代社會內的有產者與無產者、工錢勞動者與資本家的階級對抗，他方則由於認識了支配着生產的無政府狀態。然就其理論的形式上說，牠所表現的，乃是把十八世紀法國的偉大啓明哲學者所建立的根本原理，從事着更徹底更合理的發展。所以，近代社會主義也和一切新學說同樣，無論如何深入地植根在經濟事實之中，非與舊來的學問思想相結合不可。

在法國，爲了行將到來的革命而啓發人心的偉人們，他們本身便是極革命的人

一 概說

物。他們對於外部的權威，不問其屬於什麼種類，一概都不承認。舉凡宗教、自然觀、社會、國家秩序這一切等等，都受過他們的嚴厲批判，都要到理性的審判之前，爲自己的存在去辯護，否則只有不作生存之望。理性被作爲測驗一切事物的惟一尺度了。正如黑智兒所說，那是世界被倒豎着的時代(譯註)。他這句話的意義，起首是指的惟有人類的頭腦及其思惟所發現的原理，才能作爲人類行爲及結合的基礎；後來則所指的範圍更加廣汎，凡和這種原理相矛盾的一切現實，事實上一件一件都要被顛倒過來。一切舊來的社會形態和國家形態，一切傳統的觀念，都被看做不合理的東西而投棄於荒野了。世界向來全是受着偏見的指導，一切過去都只值得憐憫和輕視。現在曙光開始出現了，此後舉凡迷信，偏私，特權及壓迫，應被永久的正義、永久的眞理、及以自然爲基礎的平等和不許侵犯的人權所驅逐。

(譯註)恩格斯在替拉法格寫去譯成法文的小册子『社會主義之發展』上，關於這句話，曾把黑智兒批評法國革命的話引註如次：『正義的思想，正義的觀念，一舉而占了勢力，不正義的舊架子，不能對他施行抵抗了。現在已經根據正義的思想建立了憲法，今後一切的東西，都要站在這一基礎之上。從太陽懸於天空，遊星繞之而轉動以來，還未聽見過人類用頭站着，即是

用思想站着的話。往昔亞拉康莎哥拉士(Anaxrmenes紀元前500-428)曾說：『精神即理性支配世界』，但是，人類現在已不能不承認思想支配精神界的現實了。這是燦爛的旭日，凡是思索的生物，都舉行了慶祝，壯嚴的情緒，支配了時代，精神的熱情，搖動了世界。……』

然而我們現在却知道以下的事實：這種理性的王國，不外就是資本家的理想化的王國；永久的正義，僅是資本家的法律中所實現的正義；平等，僅是資本家在法律前所得到的平等；那被作爲最重要的人權之一而宣布的，畢竟就是資本家的財產所有權；理性國家和盧梭的社會契約，雖已達到了實現的境地，然牠只不過實現爲資本家的民主共和國而已。十八世紀的偉大思想家們，也和他們的一切先導者一樣，終不能跳出他們的時代所劃定的圈子外。

但是，和封建貴族與資本家的對抗同時，又有榨取者與被榨取者、富厚的懶惰者與貧窮的勞苦者之對抗。因此，資產階級的代表者，便不承認自己是特別階級的代表者，反自命是代表陷於苦痛中的全體人類的人。然而，資本家從其發生之初，即已帶來了自己的反對物，因爲沒有工錢勞動者，資本家便不會存在。中世基爾特

一 概說

的店東，既發達而爲近代資本家，基爾特的藝徒和基爾特之外的日傭勞動者，也就隨着牠發達而爲無產者。雖然大體上，資產階級在和貴族鬥爭的時候，可算代表當時種種勞動階級的，但在資本家的一切大運動當中，每次仍有近代無產者運動之先導的階級獨立運動發生，不過表現出來的程度有差異而已。如：德國宗教改革及農民戰爭時代的曼徹爾運動(1)，英國大革命時代的平均黨運動(2)，法國大革命時代的巴布夫運動(3)，便是其例。和這未完成的階級革命動亂相適應，還產生了一些革命理論：在十六，十七世紀，出現了一種理想社會狀態的空想敍述，在十八世紀，則有直接的共產主義理論（莫列里(4)和馬布里(5)）表現出來。平等的要求，已不限於政治上的權利，更要擴大到個人的社會地位上去。不僅階級的特權要被廢棄，更要廢棄階級對抗的本身。那在斯巴達出現過的禁欲的共產主義，就是這種新學說的最初表現形態。接着又出現了三個偉大的空想社會主義者——聖西

(1)曼徹爾(Thomas munzer 1189-1525)，德國宗教家，共產主義思想家，因主張共產主義的改革，誘發農民暴動，事敗被捕自殺，

(2)平均黨(Levellers)，主張廢止王室和貴族，建立貨物共有的平等共和國，於1470年在愛爾蘭地方爆發暴動。

(3)巴布夫(Baleuf, 1764-1797)，法國社會主義革命家，曾創『民衆講壇』的社會主義新聞，主張人類有平等的權利和義務，勞動及其成果，應屬於全人類。他所組織的祕密團體、因內中叛變了一個領袖，同志全體被補，他自已受了死刑。

(4)莫列里(Morelly)，法國著述家，十八世紀的人，著有自然法典，主張廢除私有財產。

(5)馬布里(Mably, 1709-1785)，法國社會主義者，認爲人類的一切悲慘事實，都由於財產的存在，力唱共產主義，著書有馬布里全集。

門（他認爲資本家的運動，還和無產者運動同有某種程度的重要），傅利葉、歐文。歐文生長於資本家的生產最發達的國家，受了這種生產所造成的對抗之影響，直接基於法國的惟物論，組織的形成了自己對於廢除階級對抗的提案。

這三個人有一共通點：他們都不能表現爲當時歷史所產生的普羅列塔利亞的利益之代表。他們和啓明主義者同樣，不想解放某一階級，乃想解放人類的全體，他們還有一事和啓明主義者同樣：也想造出一種理性及永遠正義的王國；不過他們的王國和啓明主義者的王國相比，却有天淵之別。他們認爲資本主義的世界，雖是基於那些啓明主義者的原理造成的，却仍不合理仍是偏私的東西，所以仍要和封建制度並所有以前的社會狀態一樣，非走上沒落的命運不可。眞實的理性和正義，迄今還未支配世界的緣故，只因人類對於理性和正義沒有具着正當的理解。這正是由於缺乏了天才的個人，現在則那種個人已經出現而認識眞理了。可是那種個人恰在此時出現，眞理恰在此時被認識，這絕非歷史發展的關聯中所必然發生的一種不可避免的事件，純粹只是幸運的偶然而已。假使那種個人早生五百年，人類當可減少五百年的謬誤和鬥爭及苦悶。

這種見解，本質上，就是一切英國和法國的社會主義者、以及初期德國社會主義者(韋特林格(1)包含在內)的見解。他們以爲社會主義，就是絕對的眞理、理性和正義的表現，只要牠一旦被發見，便可靠牠特有的力量去支配世界。他們又以爲絕對的眞理，是和時間空間及人類歷史的發展無關係而存在的，所以不管牠在何時何處被發見，都純粹是偶然的事情。然而，絕對的眞理、理性及正義，每因各派的始祖不一而互相差異；且因創始者彼此主觀的悟性、生活條件、知識及思惟方法的訓練程度之不同，而絕對的眞理、理性及正義也得受規定，所以這些絕對的眞理之間的鬥爭，除了互相侵入以外，別無解決的方法。這麼一來，則事實上，除了產生一種折衷的中庸社會主義——這迄今還支配着英法兩國的大多數勞動者的頭腦——以外，不能產生旁的什麽。這便是各派創造者不甚高明的批評言論，和經濟上的學說及未來社會觀所成功的塗了許多色彩的一種混合物，這種混合物，恰同溪流中的小圓石一樣，越在爭論的長流中、磨滅了各種組成分子所固有的尖銳之角，牠就越

(1)韋特林格(Wilhelm Weitling 1808-1871)，德國社會主義者，著有『人性論』及『調和與自由的保證』，他的思想，終未軼出傅利葉之流的空想社會主義的範圍，曾在美國創造勞動同盟於共產社會而失敗。

發容易實現出來。如果要把社會主義造成一種科學，那首先就非把牠放在眞實的基礎之上不可。

那時候，和十八世紀的法國哲學接踵而起的新德國哲學產生了，這在黑智兒手中集了大成。黑智兒的最大功績，便是把思惟的最高形式之辯證法復活起來。古代希臘哲學家，全是天生的辯證論者，他們中間最博學的亞里士多德，已經研究過辯證法的思惟之最根本的形式。反之，新哲學家中間，固然也有精通辯證法的人們（例如笛卡兒（1）及斯賓諾査（2）），可是因爲特別受了英國的影響，漸次墮入形而上學的思惟方法中，而十八世紀的法國人，至少在哲學上的工作，差不多完全受形而上學的思惟方法所支配。然而在純粹的哲學範圍以外，他們也能產出辯證法的傑作，我們只追想笛得羅（3）的『拉謨之姪』和盧梭的『人類不平等原因論』就可了然。我們在這裏只簡單地把這兩個思惟方法的本質敍述一下完事，因爲我們往後還要更詳細的討論這一問題。

當我們觀察自然，或人類歷史，或吾人本身的精神活動時，便有一幅映像懸在

（1）笛卡兒（Deseartes 1596-1650），法國哲學者，他的哲學是物心二元論，著有『方法論』，『哲學原理』，『哲學論叢』等書。

（2）斯賓諾査（Spinoza 1632-1677），荷蘭哲學者，他的哲學是把自然和神同一看待的一種汎神論的一元論，著有『智力改良論』，『論理』等書。

（3）笛得羅（Diderot 1713-1784），法國的啓明哲學者。

一 概說

我們眼前，這幅映像上面，是映的任何事物都沒有保持其原來的性質，原來的場所，原來的狀態，萬物都流動、都變化、都生長死滅的各種關聯及交互作用的無限錯綜。這種原始的、樸實的而實際上卻是正確的世界觀，就是古代希臘哲學的世界觀。首先經黑拉格里特(1)明白地說過，他說：萬物都存在，萬物卻都不存在，爲什麼呢？因爲萬物都流動，都在不斷的轉變、不斷的生長和衰滅的過程中。可是這種見解，雖然對於現象全體的一般性質有正當的理解，卻不能靠牠充分地說明構成這一全體的個別現象。然而我們既不能說明個別現象，也就不會明白全體現象。我們要想知道這些個別現象，便須把牠從自然或歷史的關聯中抽出來，一個一個地研究牠的特性和特殊的因果關係等等。這第一就是自然科學和歷史研究的任務。這些研究部門，在古代希臘人用他們的極正當理由看來，只能占居附屬的地位，因爲他們認定搜集材料比什麼都該當先。嚴密的自然研究，漸由亞歷山大時代的希臘人開端，往後到中世紀，更由亞拉伯人發展起來。然而眞實的自然科學，卻在十五世紀後半期纔漸漸發生，從此便日快一日地進步了。把自然分解爲各個部分；把各種自然

（1）黑拉格里特（Heraklit） 古代希臘哲學者，生於紀元前535年死於475年。

現象及自然物區別爲明確的種類；把有機體的內部從其各種解剖學上的形式去研究，這是過去四百年間，供給我們關於自然知識的偉大進步的根本條件。但是這種研究方法，同時却又傳給我們一種習慣：把自然物和自然現象分離地去理解而忽視其整個的關聯。換言之，就是不在其運動狀態上去理解，而在其靜止狀態上去理解，不作爲本質上是變化的東西去理解，而作爲本質上是永久不變的東西去理解，不在活的姿態上去理解，而在死的姿態上去理解。其後，復由培根(1)和洛克的努力，把這種見解從自然科學移植到哲學上面，遂成功了過去幾世紀的特別狹隘，即形而上學的思惟方法。

據形而上學者的意見，事物與其思惟上的描像即概念，是隔離了的東西，可以兩不相關地去考察的一種固定的永久不變的研究對象。形而上學者在完全無關係的對抗形式上思惟着事物。他們的講話方法，然便是然，否便是否，以爲超乎這一範圍就錯誤。他們以爲某種事物，或存在或不存在，二者只居其一；又以爲某種事物，不能同時既是牠自己而又是旁的東西。以爲積極和消極，絕對地兩不相容，原因

(1)培根(Bacon 1561-1626)，英國哲學者，他排斥亞里士多德的三段論的演繹法，採用基於觀察經驗的歸納法。著有『論文集』，『知識的進步』等書。

和結果，也無可調和地相對抗。他們的這種思惟方法，就是所謂常識，驟見之下，自然覺得極其合理。然而常識這東西，在關門閉戶的圈子內，誠是值得親近的朋友，如果一旦走進汪洋的研究大海，那就成了可駭的冒險。形而上學的見解，雖因對象的性質之不同而有廣狹，牠在很廣的範圍內，雖是可以承認的東西，且是必要的東西。不過牠遲早總要達到一個限界，一旦逾越那個限界，勢必成爲片面的狹隘的抽象的東西，終陷入那不能解決的矛盾之中。這由於牠囿於一切事物的個別性而忘其關聯，囿於一切事物的存在而忘其生長死滅，囿於一切事物的靜止而忘其運動，畢竟只看見了樹木沒有看見森林。舉一個例說，通常我們對於某種動物的存在與否是知道的，並且可以肯定地說牠存在與否。但是，我們若加以更正確的研究，就往往感覺那是極複雜的問題了。這種複雜問題，是那些要確定墮胎是否構成殺人罪，因而耗費許多無益的精神去找正確解釋的法律家們所深深知道的。和這一樣，死的時刻是不能確定的，據生理學的證明，死不是一時一刻的現象，乃是極長的過程。和這一樣，一切有機體，時時刻刻都是同一物而又不是同一物，時時刻刻都消化那由外部攝來的物質而排泄其他的物質，牠身體上的細胞時時刻刻都消滅而又時時刻刻都有新的細胞生長起來。不管遲早，只要到了一定的時間，牠的身體上的物質便完全更新，完全被旁的原子所替代，所以一切有機體，常是牠本身而又常是旁的東西。和這一樣，我們如果更正確地觀察，便知道以下的一些事實：某種對抗的兩極，例如積極和消極；一方雖是互相對抗着，同時却又互相立於不能分離的關係之上，儘管一切都對抗，還得彼此相需求；和這一樣，原因和結果這一觀念，只在適用於各個孤立場所時，纔具有適宜性，我們若把個別場所和世界全體連繫起來去觀察，便要歸到一般的交互作用上。在這種交互作用上，原因和結果，是不絕的對調其位置的，此刻在這裏作了結果的東西，馬上在那裏又作原因，反之，作了原因的東西也是一樣。

此等一切現象及思惟方法，不會嵌進形而上學的思惟框子內。反之，辯證法，他是把事物及概念的描寫，在兩者的關聯上，連鎖上、運動上、生長死滅上去把握的，牠的這種處理方法之正確，上述的那些現象便是一個證明。自然就是辯證法的確證，我們應該感謝近代自然科學，牠提供了日日聚積的極豐富的材料，賴以證明自然確是辯證法的活動，不是形而上學的活動着。然而用辯證法思惟着的自然科學者，迄今依然屈指可數，所以目前在理論的自然科學上所顯現的無限混亂，使先生學生著者讀者都一樣地陷於絕望中的無限混亂，可以從這新發見的結果與傳統的思惟方法之衝突上來說明。

對於宇宙全體、宇宙的發展和人類的發展、以及這一發展映在人類頭腦中的肖像，從事精密的敍述的這件事，只有用辯證的方法，只有不絕地考察生長死滅之普遍的交互作用，進步的或退步的變化，才能實現出來。新德國哲學，就是用這種精神開始其工作的。康德的學問事業之起點，就在這裏：他打破牛頓的太陽系永久持續——受了一次有名的撞擊之後的太陽系永久持續——說（1），把太陽系當做歷史的過程，說明牠和一切的遊星都是從一團旋轉的星雲中發生。那時候，他已經得到一種結論：太陽系的發生既是如此，牠將來的滅亡自屬必然的命運。他的見解，在半世紀後，由拉普拉士（2）用數學證明了；再過半世紀之後，又經分光鏡證明灼熱

（1）康德於1755年，匿名發表『自然史及宇宙論』，批評這件事。

（2）拉普拉士（Laplace 1749-1829），法國天文學者兼數學者，以天文學史及星雲說著名

的氣體，還結成種種密度而存在於宇宙中。

在黑智兒的體係中，看出了新德國哲學的最高點。在黑智兒的體係中纔成功了這種企圖(這是他的偉大功績)：對於一切自然的、歷史的及精神的世界，都作爲一個過程去把握，作爲不斷的運動、變化、轉換及發展去把握，因而把這種運動及發展的內部關聯指摘出來。從這個見地看來，人類的歷史，絕不同今日漸達成熟之域的哲學者的理性審判所罵爲應該一律排斥、應該盡可能地從速忘却的東西一樣，是一種無意義的暴力行爲的混雜東西；實在是人類自己的發展過程上的東西，現在的思惟任務，便在於通過一切迂路而追尋其徐徐發展的過程之跡，從一切外觀上好似偶然性的中間，指出其內部的法則。

黑智兒不曾解決這一問題，這裏且不管牠。他的劃時代的功績，乃在於提供了這一問題。這個問題，永不是任何個人所能解決的問題。黑智兒——和聖西門一樣——雖是當時最博的學者，可是第一，他爲自己的知識——個人的知識之必然的限度所限制；第二，他爲那一時代的知識及見解都還狹隘和淺薄的事實所限制。除此以外，還有第三個理由：黑智兒是唯心論者，他不把人類頭腦中的思想，當做多少是從現實的事物及現象抽象出來的一種描像，反把事物及其發展，看做是未有世界以前便已存在於某處的『觀念』所現實化了的一種描像。因此，事物被他倒置了，世界的現實關係被他完全弄反了。黑智兒雖極正確的並且天才的把握了許多彼此的關聯，然而因爲上述的理由，在細密之點上，便不能不生出許多人工的，揑造的東西，簡單地說，就是不得不矛盾。黑智兒的體係既是巨大的流產，然同時也是這一體係最後的產兒。卽是說，牠含有無可救藥的內部矛盾。爲什麼呢？因爲牠一方作爲自己的根本前提的，是一種把人類歷史當做發展過程的歷史觀，而這發展過程，在其性質上，是不能由於所謂絕對的眞理之發見而達到知識的最高點的；但是同時，黑智兒哲學却以爲惟有牠的這一體係，正是此等絕對的眞理之總和。要知道，包括了自然和歷史的一切認識而永久適用的一種知識體係，是和辯證法的思惟之根本原則相矛盾的。然而辯證法的思惟原則，牠並不排斥那種對外界全體之體系的認識，能夠一時代一時代地造出長足進步的觀念，反而包容那種觀念。

既然理解了德國的唯心論，向來完全是顛倒的，那就必然走上唯物論的道路。然而應該注意，這却不是回頭到十八世紀形而上學的完全機械的唯物論中去的話。近代唯物論，把歷史當做人類的發展過程，把發見這一過程的運動法則，當做自己的任務，並不和舊唯物論一樣，僅以素樸的革命的態度，單純的攻擊形式，去排斥以前的一切歷史而已。十八世紀的法國哲學家如是，甚至黑智兒也如是，都以爲自然就是劃定一個狹小的圈子而循環着的不變的全體，有如牛頓所說之永久的天體，林內(1)所說之無變化的有機體世界一樣。但是，近代唯物論便和那種自然觀不同，牠包羅了新進步的自然科學的這種見解：自然也有時間上的歷史，天體也和在適當條件之下棲息於天體中的各種有機體一樣，亦生長亦死滅，所以即令承認循環這句話，那也要當做牠是無限的擴大着的東西。總之，近代唯物論的本質是辯證法的，有了牠，則那君臨旁的科學之上的哲學，早已成了廢物。如果對於一切種種的科學，成功了牠們的一種要求——都明白了自己在事物和對事物的認識之整個關聯中的地位，則研究這種整個關聯的特殊科學便無用了。從此還能由一切向來的哲學中

(1)林內(Linne 1707-1778)，瑞典自然科學者，他不相信進化論，唱生物種屬不變說，著有『植物哲學』，『植物分類』等書。

獨立地殘留下來的學問，便只有思惟及思惟法則的學問——形式論理學和辯證法了。其餘一切旁的學問，都要屬於研究自然及歷史的實證科學。

固然，自然觀的變革，只能隨研求所得之適當的實證知識的材料程度而表現，但是提供決定的變化於歷史觀的那些歷史上的事實，却很早以前就擺在那裏。如：一八三一年，里昂地方出現了第一次的勞動者暴動(1)；一八三八年至一八四二年之間，第一次的全國勞動運動——英國大憲章運動(2)——有最劇烈的表現。無產者和資本家之間的階級鬬爭，一方因大工業之發展，他方因資本家新獲得的政治支配之發展，已在歐洲各進步國家的歷史前面湧現出來。於是布爾喬亞經濟學所唱的資本與勞動的利益一致，自由競爭的結果造成普遍的調和與普遍的幸福——這一大堆鬼話，經事實的反證，越發明白地暴露牠是欺騙的勾當了。此等一切的事實，早已是無可抵抗的事實，同樣，那在理論上表現出來的法國及英國的社會主義，雖說極不完全，却也是無可抵抗的事實。可是那還沒有被肅清的舊唯心論的歷史觀，對於物質的利害所引起的階級鬬爭，對於一般的物質的利益，全無什麼理解。在唯心

(1)里昂暴動，因1830年七月革命以後，資產階級獲得了政治的自由，而勞動者還是失業滿街巷，好飢餓所迫的勞動者，遂於1831年在里昂暴動，向資產階級作明顯的政治鬬爭。

(2)大憲章運動，就是1838-48年，英國勞動階級爲爭取普通選舉的急進的政治運動。這裏所說的期間，是指的勞動者羣衆還沒有融化溫和派與激烈派的時候。

論的歷史觀看來，生產及一切的經濟關係，都是『文化史』的附屬要素，不過偶然的表現於其中而已。然而這種新的事實，使人不得已而要從事一切過去歷史的研究。結果便知道：一切過去的歷史，都是階級鬥爭的歷史，而這互相鬥爭的社會階級，又都是生產及交換關係的產物，總括一句話，就是那一時代的經濟關係的產物，因之一切社會的經濟構造，就是社會的眞實基礎，舉凡各時代的法律制度和政治制度，以及宗教的、哲學的並其他觀念方法的一切上層建築，都要從這經濟基礎去說明。於是唯心論在其最後的逃命窟——歷史觀中被驅逐出去，而唯物史觀產生了。於是發見了一種說明方法，這種說明方法，不同從前一樣，用人類的意識來說明人類的存在，乃是由人類的存在來說明人類的意識。

從來的社會主義，正同法國唯物論的自然觀與辯證法及新自然科學不相容一樣，也和唯物史觀不相容。不錯，從來的社會主義，也曾批評過現存的資本制生產方法及其結果，然而牠却不能說明這種事實，所以也就不能克服這種事實，徒然把牠看成一個壞東西去攻擊而已。但是，現在的問題，乃在於對資本制生產方法，一方說明其歷史的關聯，說明牠在一定的歷史時代的必然性，因而又說明牠必然滅亡的原因；他方則暴露牠的那種還隱藏着的內部性質。因爲從來的批評，投在事物之過程的惡結果上多，投在事物之過程的本身上少，所以牠不能成功這一工作。這一工作的成功，便是由於發見了剩餘價值。據剩餘價值說的證明：無給勞動之獲得，就是資本制生產方法及由此生產方法所完成的對工人榨取之根本形態；資本家縱然把看做商品的工人勞動力，用牠在商品市場的十足價值買到手，然而因此他還能向工人身上榨取更多於他在購買上所支出的價值；結局，這剩餘價值，就是時時增加的大資本；集積於有產階級之手的那種價值總額的來源。於是資本制生產及資本的生產之理路，被牠弄明白了。

這兩個偉大的發見：唯物史觀和暴露剩餘價值所形成的資本制生產之祕密，是我們應該感謝馬克思的地方。社會主義因此成了科學，我們現在的工作，就是要完成牠的細目與一切關聯。

但是，不料杜林格君揚揚得意跑上舞台來宣布他自己所完成的哲學、經濟學、社會主義上所造成的全體變革時，問題竟然跨了理論的社會主義和死滅的哲學之領域。

我們且看杜林格君究竟向我們約定的是什麼，他履行了什麼？

二　杜林格君約定什麼？

杜林格君關于這一問題的著作，主要的是『哲學講義』、『國民經濟學及社會經濟學講義』、『國民經濟學及社會主義批判史』，其中尤以第一種著作值得我們注意。

杜林格君在這書起首的第一頁，聲明自己是『對於現代或望得見的將來之哲學的發展上，以這一力量（哲學）的代表者自任』的一人。換一句話，他就是說自己是現代或『望得見』的將來之惟一眞實的哲學者，凡違反他的見解的人，就是違反了眞理的人。本來在杜林格君以前，已有許多人自己是那樣着想，然而公開發表的除李夏德．瓦格那（1）外——杜林格君還算第一人，而且杜林格君所當做問題看的眞理，是『終極的絕對眞理』。

（1）李夏德 瓦格那（Richard W giner 1813—1883） 德國歌劇作者兼音樂家。

二　杜林格君約定什麽

杜林格君的哲學，『是自然體系或現實哲學……在這體系上，是這樣思惟着現實：把一切接近于夢想而且爲主觀所限制的世界觀的傾向，都排除乾淨』。因此，這一哲學，便造成這種情形——使杜林格君超越他自己所不能否定的他自己個人的『主觀的限定之域。但是，他要終極的絕對眞理能夠建立起來，這確是必要的事情；雖說我們現在還不知道這種奇妙的事蹟，究竟怎樣能夠實現的話。

『這種自身對于精神上爲貴重知識的自然體系』，『並未如何防害思想的深度而確實地定立了存在的根本形態』。牠從其『實際的批判立場』上、提供了現實哲學即是以自然及生活的現實爲對象之哲學——那不但不容許外觀上的限界，並且在那種強大的變革運動中，開拓外部的及內部的自然之一切天和地——的要素。牠是一個『新的思惟方法』，其結果，則是『根本獨特的結論及見解……構成一個體系的思想……確定的眞理』。我們在其中發見那『不能不求其力于集中的獨特性中的工作』（那是指的什麽，却不知道），發見『那達到根本的研究……根本的科學……嚴密地科學的把握事物及人類……貫通各方面的思想的著作……思想所能支配的前提及結果之創造的草案……絕對的根本性』。他在經濟的——政治的領域，不但給我們以『歷史上並體系上的廣大著作』（其中歷史的著作，更因『我的大規模的歷史記述』而卓越，經濟學上的著作，則帶有『創造的傾向』），並且還敍着自己對於未來社會所擬具的社會主義的計畫，據說他的計畫，是『明瞭而達到終極的根本上的學說之實證的成果』，因而和杜林格哲學一樣，是毫無毛病而特出的東西。因爲他說：『只有我在我的「國民經濟學及社會主義經濟學講義」中所述的那種社會主義形態內，眞正的所有，才能替代那單純外觀的而且一時的私有，或暴力的私有』。照他這樣說，將來是不能不受那種計畫所規定的了。

杜林格君像這樣自己稱讚自己的妙語，還舉得出許多來。這類的話，或許已經使讀者懷疑到：他眞是以哲學者爲對手呢？抑。——然而我們要請讀者等到更詳細地知道了前述的根柢後，再來下判斷。我們所以舉出上述的那些妙語的，原是想表示：我們當做問題的事件，與普通的哲學者和社會主義者無關，因爲他們是單純表現自己的思想，把價值待到將來的發展去決定的；我們當做問題的事件，乃是一

二　杜林格君約定什麽？

種非常的人物，因爲他認定自己和法皇一樣無過失，如果世人不願墮入地獄，只要接受他的祝福的教義就夠了。充滿於社會主義文獻，最近並充滿於德國社會主義文獻的著作；一切有才能的人們，想用最正確的方法去說明問題（固然答復這個問題的材料，多少還感缺乏）的著作；不論牠的學問上文學上的缺陷如何，而其中社會主義的善意却不能不承認的著作，——任憑這些工作的那一件，都不是我們所當作問題的東西。反之，杜林格君所提供於我們的學說，牠自身是一種終極的絕對眞理，一切旁的見解，和牠比較起來，起首就錯誤了的。他還有和終極的眞理一樣的惟一嚴密的科學的研究方法，一切旁的研究方法和牠比較起來，都是非科學的方法。他是正確的麽？我們便碰着了冠絕各時代的最偉大的天才，毫無過失的人，即是第一個超人的人；抑或不然，他是錯誤的麽？那末，我們的判斷無論如何下法，縱然是對於他的某種善意之好意的考慮，恐怕對於杜林格君還往往是致命的侮蔑。

如果有人抱着終極的絕對眞理和惟一嚴密的科學，他對於旁的錯誤的非科學的人們，當然免不了要感起很大的侮蔑。因此，我們看見杜林格君對於他的先達表示非常的侮蔑時，絲毫不以爲怪；又看見只有極少數的例外爲杜林格君所稱述的偉大人物，叨蒙他的根本性的寵愛時，也絲毫不以爲怪。

我們首先聽他關於哲學者的論述吧！他說：『全沒有優美情操的萊布里次(1)，他是一切可笑的哲學者中最優異的人』。他以爲康德還可原諒，至於康德以後的先生們，都是糊塗蛋。他說：『康德的直接流派，尤其費喜丁和(2)謝林格(3)的荒唐，兒戲而空虛的愚蠢……無知的自然哲學派之奇怪的諷刺畫……康德以後的怪異』及『夢話』，而其登峯造極的則爲黑智兒。黑智兒講黑智兒的隱語，用『那種形式上都非科學的方法』和他的『生硬』，傳播了『黑智兒病』。

自然科學者也沒有受很好的待遇，惟有達爾文的姓名，卻被特別舉了出來，所以我們也只限於達爾文。他說：『達爾文主義者的半熟詩及其理解力之過於狹隘和識別力的遲鈍所作的變態論……據我們的見解，達爾文主義——拉馬克(4)的學說當然除外——是違反人類性的獸性』。

(1)萊布里次(Leibniz 1646-1716)，德國哲學者。他的學識非常淵博，綜合英法的思想而立德國哲學的基礎，著有『形而上學論』等書。
(2)費喜丁(Fichte 1762-1814)，德國哲學者，康德哲學的繼承人。
(3)謝林格(Schelling 1775-1854)，德國審美的唯心論哲學者，生於僧侶的家庭，曾與黑智兒同學，其後兩人互相敵視。

他對於社會主義者尤爲刻薄。除路易白蘭(5)——社會主義者中最不重要的——外，他們都是罪人，在杜林格君的面前（或他的庇蔭下），絕不會有什麼名譽。不但從眞理或科學說，是那樣，從性格說亦然。除開巴布夫及一八七一年的少數公社暴動者，社會主義者完全不是『人』。三個空想社會主義者，被稱爲『社會錬金家』。三人中的聖西門，還蒙寬大的看待，他不過有點『矯激』的罪名，不過陷於宗教的迷信而被憐憫。反之，杜林格君對於傅利葉，却絲毫不能容忍，因爲傅利葉，是『露出了一切瘋狂的要素，……首先要向瘋人院去求的思想……荒唐的夢幻……瘋狂的產物……愚妄不堪言狀的傅利葉』，這種『孩子般的頭腦』，這個『痴漢』，決不是社會主義者，他的汎西特爾(6)，斷乎不是合理的社會主義，那是根據『日常生活的形式而沒有建設合式的形態』。以後他又說：『讀了這段話（傅利葉對於牛頓的論述）……在傅利葉的名字和整個傅利葉主義上，還認爲眞理的人；對於傅利葉僅僅算得傅(fou(法語)=瘋狂）這個語音的事實，還不十分確信的人，他自己便應屬於白痴者的範疇之下』。最後還說：羅伯

(4)拉克馬（Lamarck 1744-1829），法國動物學家，進化論的先驅者。

(5)路易白蘭（Louis Blanc 1813-1882），法國社會主義者，他主張以國立工場造工人的幸福。

(6)汎西特爾（Phalanstere），這是傅利葉在其理想社會的方案內，主張用一方哩的地基，建築一個可容四百家的住宅，而自己誇稱爲社會宮殿的一個東西。他的理想社會，是把社會劃成許多單位，每一單位收容一千八百個勞動者，住在這個宮殿內，共同生產和消費，因而把苦鬪的勞動變成享樂的勞動。見傅利葉著的『產業和社會的新世界』。

歐文，『具有惰性的貧弱觀念……他關於道德問題的極粗淺的思想……陷在褊狹中的常識……矛盾而平庸的見解……歐文的思想路徑，還不配眞摯的批評……他的自負』等等。因此，杜林格君就空想社會主義者的名字來極巧妙地表徵其特質的時候，便是聖西門——神聖(Saint)，傅利葉——瘋狂(fou)，安放坦(1)——小孩子(enfant)，僅僅只要掉加一句歐文——嗚乎(o Weh!感歎號)。於是社會主義史的極重要時代，被他輕輕地用四句話完結了，凡懷疑那件事的，『自己都該屬於白痴者的範疇之下』。

我們爲了把杜林格君對後起的社會主義者的批判，簡單地敍述出來起見，只就他批判拉莎耳(2)和馬克思的話，摘要出來看看。

拉莎耳：『固陋的‖穿鑿的通俗化之企圖……蕪雜的煩瑣哲學……一般的理論和細微的雜物之奇妙的混合……無意義且無形式的黑智兒迷……可厭的引證……特別的褊狹……無關緊要的小事自矜……我們的猶太英雄……寫小册子……庸俗……人生觀及世界觀的內部不確定』。

(1)安放坦(Enfantin 1796-1864)，法國聖西門派社會主義者。

(2)拉莎耳(Lassalle 1825-1864)，德國社會主義者，哥達綱領的起草者，改良主義的領袖。他與某貴族女子戀愛，不能採取自決的手段，而向女父圖婚被拒，女終許於某伯爵，他隨與孟伯爵舉行爭戀的决鬪，而和被……戮。

二 杜林格君約定什麽?

馬克思:『見解狹隘……他的著作及成績,從其本質上看的時候,卽純理論的考察的時候,在我們的領域(社會主義批判史)沒有何等永續的意義;就是在一般思想史上,至多也只能當作新煩瑣哲學的一個分派的影響之表徵列舉出來……集中的組織的能力之薄弱……思想及文體之無格式,鄙俚的用語之使用……英國式的自負……欺騙……事實上只是歷史的及論理的空想之私生子的粗笨觀念……虛僞的傾向……個人的自負……卑劣的態度……無廉恥……美學者的粉飾及蠢笨……中國人的博學……哲學的及科學的殘渣』。

等等。以上所引的一些話,不過是從杜林格君的薔薇園內隨手摘下來的一束花。這些可愛的謗詞——如果杜林格君眞有何等教養,或許要抑制下去的這種認爲他人卑劣而無廉恥的謗詞,究竟是否終局的絕對眞理,現在完全不是我們的問題。我們對於他的根本性,還要——現在還要——避免發生某種疑問才行,因爲不如是,恐怕連我們探求自己所屬的白癡的範疇這件事,都要被禁止了。我們認爲一方舉出杜林格所稱的『思慮周密而意義眞實的謙遜用語之摘要』的例證,一方確證杜林格君所攻擊的他的老前輩，其缺點正和杜林格君之無過失一樣的不可動搖，這是我們的義務。所以，如果他所說的完全不錯，我們便要拜倒在這冠絕一切時代的偉大天才之前了。

二　杜林格君約定什麽？

第一篇　哲學

三　分類　先天說　(Apriorismus)

據杜林格君說來，哲學是關於世界及人生的意識之最高形式的發展，廣義上包括了一切知識及意欲的原理。某幾種的知識或衝動，又或一羣的存在形式，對於人類的意識成爲問題的時候，關於這些形態的原理，便不能不是哲學的一個對象。這些原理，是單純的，或從來作爲單純物假定了的構成要素，是由牠組成各種知識和意欲的東西。和物體之化學的構成一樣，事物的一般組織，也可使其還元爲根本形式及根本要素。這種基本的構成要素或原理，牠一旦被獲得，便不僅對於直接知道而且能夠觸着的東西可以適用，並且對於我們尙未知道以及不能觸着的東西也可適

三．分類　先天說

用。所以，哲學的原理，在科學要成爲說明自然及人類生活的一個統一體系上，是必要的終極的補充。哲學在一切存在的根本形式之外，只具有兩個固有的研究對象，就是自然界和人類界。所以，我們一整理材料，便極自然地生出三個哲學部門來：卽一般的世界圖型論(Weltschematik)和關於自然原理的學說，其次則關於人類的學說。可是這個順序中，同時又含着內部的論理的順序。這因爲適用於一切存在的那種形式的原則已先存在，而適用這個原則的對象之領域，則處於下位而隨從牠的原故。以上是杜林格君的學說，而且簡直是照他的話敘述的。

因此，在杜林格君方面，原理是問題，卽是適用於自然及人類界，因而規定自然及人類，絕不是從外界發生而是從思惟引出來的形式的原則，成了問題。然而思惟是從何處獲得了這些原則的呢？從他自身麼？不是！爲什麼呢？因爲杜林格君自己說過：純觀念的領域，被限於論理的圖型及數學的產物（後面的一層，我們往後還要敘述，那是錯誤的）。論理的圖型，只不過能和思惟形式發生關係而已。可是在這裏，存在的形式——外界的形式是問題了，而這個形式，決不是思惟能從牠自身創造出來的，實際只有從外界才能創造出來引導出來。因此，整個的關係都顛倒過來了：原理不是研究的出發點，反是研究的終局之結果，原理不是適用於自然及人類歷史的，反是從自然及人類歷史中抽象出來的東西；自然及人類世界不為原理所規定，反而原理只有和自然及歷史成一致的時候才正確。這是事物之惟一的唯物論的見解。和這相反的杜林格君的見解，乃是唯心的，他完全顛倒了事實，恰同黑智兒一樣，以為現實的世界，是從思惟構成的，從未有世界以前老早就存在某處的圖型、幻影、或範疇構成的。

事實的證明是那樣。我們試把說着一切夢話的黑智兒的百科辭典，拿來和杜林格君的終極的絕對眞理對照一下：我們首先看見杜林格君有所謂一般的世界圖型論，這在黑智兒則稱為論理學。再則看見兩者之中，都有這種圖型或論理的範疇之適用於自然，卽自然哲學；最後又看見「杜林格君把牠」適用於人類界，這在黑智兒則稱為精神哲學。因此，在杜林格君的順序上所謂的『內部的論理的順序』，使我們『極自然地』追溯到黑智兒的百科辭典中去。他的順序，就是很忠實地從百科辭典借用的，而其忠實的程度，簡直教黑智兒學派中漂泊終身之猶太人柏林的米切列特教授見而感泣。

人把『意識』和『思惟』，當做某種極自然地確定了的東西，當做起初就和存在，自然相對立了的東西，便生出這種結果來。所以，人們看見意識及自然，思惟及存在，思惟法則及自然法則，很顯著地一致着的情形，就不能不說是奇怪事情了。可是如果進一步追求思惟和意識是什麼？牠從何處發生？就要發見牠是人類頭腦的產物，而人類自身是環境中隨着環境發達起來的一個自然的產物。因此，自然明白了以下的事情：人類頭腦的產物，結局還是自然的產物，所以牠不是和其他自然關係相矛盾而是適應於其他自然關係的東西。

然而杜林格君，他却不能採取那種簡單的事物研究方法。他不但在人類的名義上——只這也怕是很偉大的事情——思考，並在一切天體中之意識的而且思惟的存在這名義上思考。誠然，『對於意識和知識的最高力以及那種無條件的眞理的主張，那怕只用「人類的」這個形容辭來排斥牠或懷疑牠，那對於意識和知識的根本形態，恐怕也是一個侮蔑』。所以，杜林格君爲了不發生旁的某種天體中的二之二倍是否等於五這個疑問起見，不敢把思惟當做人類的東西，同時就不能不把思惟離開惟一的現實基礎，離開思惟原是從牠上面發生的那個基礎，卽是離開人類和自然。於是他便陷於使他成爲『繼承者』，成爲黑智兒的繼承者之觀念中而無法拯救了。然而我們在旁的天體中，恐怕還要常常晤見杜林格君。

在那種觀念學的基礎之上，不能樹立何種唯物的學說，那是不言自明的事情。杜林格君往往不能不把自然當做意識的行爲者，因而不能不教牠變成我們用德語喊着的gott(神)，關於這件事，我們到了後面或許要明白。

然而我們的現實哲學者，還有把一切的現實的基礎，從現實世界移到思想世界的其他動機。這種一般的世界圖型，這種形式的存在之原則的知識，正是杜林格君的哲學基礎。我們如果不把世界圖型論從頭腦中引出，而只以頭腦爲媒介把牠從現實世界中引出，換言之，把存在的原則，從存在於現實的地方引出，那我們便不需要何等哲學，而只需要關於世界及發生於世界中的事物之實證的知識了。由這裏發生的學問，也一樣的不是哲學而是實證的科學。那末，杜林格君的全部著作，除了叫做努力於已失之戀以外，什麼東西都算不得了。

還有一層，如果哲學那東西，已經不需要，則哲學的任何體系，那怕牠的自然體系，也是不需要的。自然現象的全體，構成一個體系的關聯，這個觀察，使科學在各點上，在全體上，都立證那種體系的關聯之存在。可是要適宜地，無遺漏地把那種關聯用科學的方法說明出來，換一句話，要作成我們正居住其中的世界體系之思想的描像，這在我們固然是不可能的事情，就在任何時代，也同樣是不可能的事情。若是在人類發展的某一時期，那種終極上完成了的物理的、精神的、歷史的世界關聯之體系成功了，同時，人類的知識，也就到了極點，而將來之歷史的發展，便要從社會爲那種體系所限制的頃刻起被截止，——然而那是一個不合理的事情，完全無意義的事情。因此，人類便要碰見如次的矛盾：一方完全認識世界體系的全關聯；他方，却又因爲人類自身的性質及世界體系的性質永不能解決這問題。但是這種矛盾，牠不僅存在於世界和人類這兩個要素的性質中，並且是全知識之發展的主要槓桿，牠在人類進化的無限發展間，日常不斷地被解決，恰和數學的問題，在無限的級數或連分數中找出答案來一樣。事實上，關於世界體系之思想的描像，客觀上爲歷史的狀態所限制，主觀上爲其創始者的肉體狀態及精神狀態所限制，並且正被限制着。然而杜林格君却說他自己的思惟方法，根本和那被主觀所限制的世界觀不同。我們在前面已經知道他是全能的，是遍行一切天體的，現在我們又知道他是全知的情形了。他解決了科學的終極問題，因而堵塞了一切科學的將來。

據杜林格君的觀察，一切純粹的數學，也和存在的根本形態一樣，能夠先天的，即是不需外界所給與我們的經驗，逕從頭腦中造出來。在純粹數學上，悟性是能夠從事於『自己的自由創造及想像』的東西，數目及形象的概念，是『充足的牠由於牠自身造出來的客體』，因此是具有『離開特殊的經驗及現實的世界內容而獨立的妥適性』的。

純粹數學，具有離開各個人的特殊經驗而獨立的妥適性，這當然是正確的事情，這就一切科學中的確定了的事實可以說，就一般的事實也可以說。磁石的兩極，水由水素及酸素的結合而成，黑智兒死了杜林格君活着，這些事實，無論離開我的經驗或離開他人的經驗，乃至離開杜林格君的經驗(如果杜林格君睡熟了的話)，都是獨立地具有效力的。然而在純粹數學上，悟性決不是僅於從事牠自身的創造及想像的。數目及形象的概念，除了現實世界以外，不能從旁的地方去獲得。人類靠牠數東西的十枚手指，這最初發覺算術動作的十枚手指，完全是悟性創造之外的東西，至少也不是悟性的自由創造。在計算上，不但需要可以數的對象，並且考察這對象的時候，還需要捨象數以外的其地一切特性的能力，這能力，就是長期歷史的、經驗的發展之產物。和數目的概念一樣，形象的概念，也是完全從外界獲得的，決不是靠純粹的思惟在頭腦中產生的東西。人類到達形象的概念以前，必須先有形象，並且必須有人類比較過那個形象的事物。純粹數學，把現實世界的量的關係和空間形式當作對象，即是把極現實的材料當作對象。所謂這材料在極抽象的形式上表現出來的這事實，不過是牠的從外界來的起原在表面上被隱蔽着罷了。若要能夠純粹地研究這形式及關係，便不能不把牠和牠的內容完全分離，不能不把牠的內容作爲無關係的東西而拋棄。這樣，便得到無大小的點、無厚薄寬窄的線、A和B及X和Y、不變數和變數、到了最後，才能到達悟性自身的自由創造和想像即想像的大小。數學上的大小，外觀上是相互導出的這件事，也不是立證牠的先天的起原的，只是立證牠的合理的關係而已。圓筒的形態，是由於以牠的某一邊爲中心的矩形之迴轉而獲得的，在達到這一觀念以前，人們不能不研究無數現實的矩形和圓筒，——縱然還是極不完全的形態。數學也和其他一切科學同樣，是從人類的要求產生的，即是從土地和器物的容積之測定，從曆學和力學產生的。然而和在一切思惟領域同樣，從現實世界抽象出來的法則，在某種發展階段上，是離開現實世界而成爲某種獨立物，成爲世界要受牠規定的一種外來法則，和現實世界相對立的。社會和國家亦然，同這一樣，純粹數學也是後來才適用於世界的；牠原是從這世界獲得的東西，只不過構成世界的關聯形式之一部，實因這個作用，才能適用於世界。

但是，杜林格君却認爲：雖無何等經驗的基礎，也可從這『即令用純論理觀念，還是不能說明，並且不須說明』的數學上的公理中，引出純粹數學的全體來，並且可以把牠適用於世界；同時，他又認爲：最初從頭腦造出存在的根本形態，造出一切知識的簡單成分卽哲學的公理，然後從牠們引出哲學全體或世界圖型論來，——他自身的這種觀念，是可以當做憲法般的最高物，強施於自然及人類界的。然而可惜得很！當一八五〇年滿特非耳(1)統治普魯士時，自然已經不存在，人類也完全被蔑視了。

數學上的公理，就是數學不能不從論理學借來的極貧弱的思惟內容之表現，其結局可以歸到下面的兩點上。

(一)全體比部分爲大。這個命題，純粹是同義語的反復(Tautologie——語意重複之意)。爲什麼呢？因爲行了量的考察的部分這觀念，最初就用一定的方法和全體那觀念發生着關係的原故，卽是說，因爲『部分』就是表示量的『全體』係由許多量的『部分』所成立的原故。所謂公理這東西，卽令明白地確立了，這事實於我們毫無所得。假使人們說全體是由許多部分所成立，部分集合了許多就構成全體，所以部分比全體爲小，這樣便可把這是同義語的反復之理由立證到某種程度了。這時

(1) 滿特非耳 (Manteuffel) 1850-1858 的普魯士宰相，軍人出身的反動政治家。普魯士曾在1850年一月三十一日強制的施行憲法。

候，重複的無意義，就明白地表現出內容的無意義來了。

(二)兩個東西的大小，都等於第三者的時候，這兩者又彼此相等。這個命題，和黑智兒曾經指出過的一樣，牠的正確性，是論理學所保證的結論，所以雖然在純粹數學之外，却是已經被證明了的結論。關於等與不等的其他公理，不過是這結論之簡單的論理的演繹。

這些貧弱的命題，無論在數學上，或在旁的學問上，都是不中用的東西。我們爲更進一步起見，必須採用那種眞實的關係，採用那種從現實體發生的關係及空間形式。線、平面、角、多角形、正六面體、球體等等的觀念，都是從現實發生的，而許多素樸的觀念學，却相信數學家，以爲最初的線，是由空間的點的運動而生，最初的平面，是由線的運動而生，最初的立體，是由平面的運動而生的，以及其他等等。可是用語的自身，便已背反了這個認定。有三個距離的數學上的形體，謂之立體，Corpus Solidum (固體)在拉丁語上，是說的可以手觸的物體，換一句話，牠具着：絕不是從悟性的自由想像而來的名稱，乃是從固形的實體而來的名稱。

然而，究竟爲什麼要那樣冗長地敍述呢？杜林格君在其著述的四二頁及四三頁上，對於純粹數學離開經驗界的獨立性，純粹數學的先天性，純粹數學以悟性自身的自由創造及想像爲對象的性質，熱烈地稱讚一番之後，又於四三頁上說：『數學上的那些要素（數、大小、時間、空間及幾何學的運動），不過在其形式上是觀念的(ideell)東西，……因此，絕對的大小，無論牠屬於什麼種類，完全是經驗的東西』……但是，『數學上的圖型，是可用那從一個經驗中抽出來的表徵，用那更適當的表徵來表現的』。看來，後者多少是適用於一切抽象的東西了，但那決不是立證純粹數學不是從現實抽象出來的事情的。在世界圖型論上，純粹數學是從思惟發生的，在自然哲學上，則完全是經驗的東西，是從外界獲得之後才和外界分離的東西。然則我們現在應該相信那一說呢？

四　世界圖型論

包括一切的存在，是惟一無二的東西。牠自己是充足的，所以牠的兩傍或頂上，再沒有其他的某種東西。對包括一切的存在加上第二的存在，那就把牠弄成不是牠自身了，弄成包括的全體之部分或構成部分了。我們如果把我們的統一的思想，簡直和框子一樣地張開，那就凡是不能不走進這思想的統一中來的東西，牠自身都不能具有二重性。然而無論何物，却不能逃脫這思想的統一。……一切思惟的本質，都存在於意識要素結合於統一的那上面。……由於這個綜合的統一點，遂生出不可分離的世界概念，宇宙——和這名詞自身已經表示着的一樣——被當做萬物在其中爲統一所結合的某種東西去認識』。

以上是杜林格君的話。數學的方法：『一切問題，恰是簡單的……和研究數學原則時一樣，可依簡單的根本形態爲合理的決定』，——這方法，在這裏開始被適用了。

『包括一切的存在，是惟一無二的東西』，如果同義語的反復是指的主語上已經表現過的事情又在客語上簡單地重復，——如果這是一個公理，我們便可在此發見一個純粹的例證。在主語上，杜林格君向我們說：存在是包括一切的，而在客語上，他又大胆地說：所以除此以外沒有什麼東西。這是如何偉大的『創造體系的思想』呵！

誠然是創造的體系。我們沒有讀完六行的中間，杜林格君已把存在的惟一性，以我們的統一的思想作媒介而變爲存在的統一性了。一切思惟的本質，都存在於爲統一所總括的上面，所以存在一被考察，牠自己就被認做統一的東西，世界概念就被認做不可分離的東西，而且被考察的存在、世界概念，都是統一的，所以現實的存在、現實的世界，也都是不可分離的統一。那末，『精神一旦知道把存在在其龐大的普遍性上去把握，彼岸就沒有何等可占的空間了』。

這是一場惡戰。和這場戰事相比較，奧斯特耳里次(Austerlitz)，伊也拉(Jena)，開也利西格内次(Koniggratz)，塞丹Sedan（1）都要失色。在不足一頁僅幾行的中間，我們一經動員第一公理，便把一切的彼岸、神、神軍、天國、地獄、淨罪火，連同靈魂不滅一齊掃除了，廢棄了，剿滅了。

我們如何從存在的惟一性達到牠的統一性呢？就由於一般的把存在放於觀念中

（1）這是四個有名的戰場。第一個，是拿破崙於1805年12月戰敗奧皇弗蘭錫士一世和俄皇亞歷山大一世的地方，歷史上謂之三帝會戰。第二個，是拿破崙於1806年10月擊破普魯士軍隊的地方，他因這一次的得勝，就占領了柏林而發布大陸封鎖令。第三個，是1866年7月普奧兩軍大戰的地方，這次奧軍被俘二萬餘人，失砲174門。第四個，是1870年9月拿破崙三世爲救援他的部將而被德軍戰敗的地方，他自已和將卒約十萬人都做了俘虜。

我們把我們的統一的思想，作爲框子張開於存在的周圍時，惟一的存在，便在思想上成爲一個統一的存在，即是成爲思想的統一。爲什麼呢？因爲一切思惟的本質，都存在於意識要素結合於統一的上面之故。

這最後的命題，明明是錯誤。第一，思惟的本質，旣存在於相連屬的要素結合於統一的上面，同時，也就存在於意識對象分解爲其要素的上面，無分解就無綜合。第二，思惟，無疑地只能把這統一已經存在於其中，或其現實的原型中的那種意識要素　總括於一個統一中。比如我把鞋刷毛卽令歸在哺乳動物的統一下，然而鞋刷毛決不因此發生乳腺。所以，存在的統一，卽是把牠當做統一的那種思想方法，是否正確，那正是非證明不可的。如果杜林格君向我們說，他自己把存在認爲統一的東西，不認爲二重性的東西，那不過因此表白他自己的俗見而已。

我們如果把他的思想步驟，直率的說出來，那就是下面的情形：『我以存在爲始，所以我考察存在。存在的思想，是統一的東西。不過思想和存在非一致不可，牠們非互相適應互相「合一」不可。因此，存在就是在現實上，也是統一的，所以，無所謂「彼岸」這東西」。若是杜林格君不拿以前那樣神秘的敍述提供於我們，而如是赤裸裸地說出來，那他的觀念，便極其明瞭了。想從思惟和存在的一致去證明某種思惟之結果的實在性，那正是黑智兒的最昏迷的夢話之一。

縱然假定杜林格君的立論正確，恐怕他也沒有從心靈主義者(Spiritualisten)奪取一點兒陣地。心靈主義者對於他是這樣簡單地答復着：世界在我們看來，也是簡單的，所謂此岸與彼岸的分離，單是爲着我們的特別現世的原罪的立場而存在，在牠的本質上，卽是在神的面前，全存在只有一個。這樣，恐怕他們要跟着杜林格君走到他的衷心所欲的其他天體，向他指示那旣無罪過又無彼岸與此岸之對立，世界的統一乃是信仰之要求的一個或幾個的世界了。

關於這一問題最滑稽不過的事情，就是杜林格君想從存在的概念來證明神的不存在，竟使用那證明神的存在之本體論的論證方法。這個方法說：我們思惟着神的時候，我們把牠認做一切完備的總體。但是，屬於一切完備的總體的，第一是實在。爲什麽呢？因爲非實在的東西，必然不完備。因此，我們還要對於神的完備加上實在。因此，神要實在才行。杜林格君的說明，和這完全一樣，他說：我們思惟着存在的時候，我們把牠認做一個概念。包括於一個概念中的，是統一的東西。因此，存在若不是統一的，那就恐怕不適應於概念。因此，存在要是統一的才行。因此，無所謂神，——等等。

我們把存在當作問題時，並且單只把存在當作問題時，統一便只存於以下的一點上，即是只存於被研究的一切對象都存在，都現在的一點上。對象是被總括於存在的統一之中的，牠不是為旁的所總括的東西，而所謂凡對象都存在的這句話，不但不能賦與牠們以更進一層的共通的或不共通的特性，且還要把這一切的特性，暫時排棄於考察的領域之外。為什麼呢？因為我們如果離開一個單純的根本事實——存在這個屬性共通於一切事物的這事實，那怕只在毫厘（millimeter——米里米突）之間，而那些事物的差別就開始呈現於我們的眼前；並且這種差別，是在於一方白色他方黑色之上，抑在於一方生動他方死殭之上，或在於某物是這邊他物是那邊之上，絕不能由這些東西所一樣共通的屬性是單純的現在之一事實來決定。

四　世界圖型論

世界的存在，是牠的統一性的前提，而世界的統一性，卻不在於牠的存在，這因爲世界能夠成統一物以前，首先就要有世界存在。在我們的視線所及的限界外，存在確是明顯的疑問，世界之眞實的統一性，在於牠的物質性，這不是區區玩把戲的飾辭所能證明的，乃是哲學及自然科學的悠久而遲緩的發展所證明了的事實。

再來談原文吧！杜林格君所向我們說的存在，『沒有具着不變的一切特殊的規定，事實上，牠就不是那種止于表示與非思想或無思想爲同一物的純粹存在』。但是，我們馬上又看見杜林格君的世界，是從存在起頭，而這個存在卻缺乏着一切內部的區別和一切運動及變化，因而事實上止於與非思想爲同一物，即眞實的虛無。從這個非存在中，才生出表現着發展、生成，現在有分化有變化的世界狀態來。我們理解了這一事實之後，就是在永久的變化之下，也能『把全體的存在之概念，確保爲不變的東西』。由是，我們便具有那種把固定、變化、存在、生成，都包含於自身中的更高階段上的存在之概念。達到了這一點，我們就發見以下的事實：『種屬與種類，要而言之，一般與特殊，是最簡單的區別手段，我們只有根據牠，才能理解事物的機構』。然而這是質的區別手段，這個區別完事之後，我們就更進一步地看到：『其中早無何等種類區別的同等物之大小的概念、和種屬相對抗』，卽是從質的方面移到量的方面，而量是能『測量』的東西。

那末，我們把這『一般的作用圖型之尖銳的分析』和那『眞實的批判立場』，拿來和黑智兒的生硬、粗淺、昏妄相比較地看看。這裏，我們看見以下的事實：黑智兒的論理學，也和杜林格君一樣，以存在爲始；牠的存在也和杜林格君一樣，表現爲虛無，牠的從非存在轉移到生成，其結果就是實在，卽是更高更完成的存在形式，這也完全和杜林格君一樣；牠的存在到質，質到量，也完全和杜林格君一樣。然而杜林格君還以爲黑智兒的不夠，又在旁的地方告訴我們，說：『從無感覺的領域到感覺的領域，儘管量的方面是逐漸的，單靠質的飛躍便行得。我們對這個飛躍……可主張牠和某同一性質的簡單等差，是完全不同的東西』。其實，這正是黑智兒所說的質量關係的結節線（Knotenlinie），這裏，一定的結節點（Knotenpunkt）上的量的增大或減少，是生出一個質的飛躍來的。例如把牠弄熱了的水或弄冷了的水，其沸點或冰點，就是結節點，那裏，到新凝集狀態去的飛躍——在普通壓力之下——就完成，即是量變而為質。

我們的研究，也同樣是想達到根本上去的，結果，我們便發見一種情形：根本的杜林格君的根本圖型之根源，即黑智兒的『夢話』、黑智兒論理學的範疇論，尤其存在論完全是黑智兒的『編次』，連剽竊的掩飾技術都不會有。

杜林格君從自己所輕侮的老前輩剽竊了他的存在的圖型論，猶以為未足，他自己像上面那樣敍述了從量到質的飛躍之例證後，又大胆地批評馬克思，說：『例如立足於所謂量突變而為質的黑智兒之混亂模糊的觀念上，這是何等滑稽！』。混亂模糊的觀念！究竟誰突變，誰滑稽？杜林格君喲？

因此，這一切可愛的話語，不但不是原則般地『公理的決定了』的東西，並且只是從外部借來，即是從黑智兒的論理學借來的東西。牠的內容上的脈絡，若非從黑智兒借來的地方，通全章都找不出一絲半毫來，其全體，終究墮入那關於時間與空間、固定與變化的無內容的詭辯之中。

黑智兒從存在與本體進到辯證法。他在這裏論述反射規定(die Reflexionsbestimmungen) 那種內部的對抗——如肯定與否定之類，其次進到因果性或原因與結果的關係，最後則以必然性爲結。杜林格君也是照樣行事。黑智兒所稱爲本體論的，杜林格君則翻譯爲存在之論理的特性。然而這第一是存於『力的衝突』、對抗關係之中的。反之，杜林格君却完全否定矛盾，關於這個問題，我們且讓後面去論述[見第十三章否定之否定節]。其次　他論述因果關係，從因果關係到必然性。所以，杜林格君自稱『我們不是關在鳥籠中思索的人』，這句話恐怕正是表示他在鳥籠中思索的事實，即是在黑智兒的範疇圖型論(Kategorienschematisms)這鳥籠中思索的事實！

五　自然哲學(其一)時間與空間

現在我們到達了自然哲學。這裏，也有一大堆杜林格君不滿於他的老前輩的一切原因。據他說來，自然哲學，『極衰落地變成了一種基於粗淺無知而來的蹩脚文學』，『陷入到謝林格及其同黨之賣淫的擬似哲學中，這派哲學者，是以絕對者的僧職爲業而迷惑大衆的』。倦怠把我們從那些『畸形物』中救了出來，然而那至今還只是讓給坐位於『放蕩』了。『就一般的人說，他們都很知道一個大騙子的隱藏，不過對於小而慣於經商的後繼者，給他一個機會，好在旁的招牌之下，再來從事於同一物的製造而已』。自然科學者自身，不抱那『飛躍到世界的觀念王國去的希望』，所以在理論的領域，完全傚着『淩亂無紀』的勾當。這裏，必須加以救濟才行。幸而杜林格君還健在！

我們爲了對於下面的時間上的世界之展開及空間上的世界之限界的各種解說，施行正確的評價起見，要再回到世界圖型論的幾點上去。

杜林格君和黑智兒一樣（百科辭典九三節），把無限——黑智兒所稱的惡劣的無限——屬於存在，而後再研究這個無限。他說：『能夠無矛盾地思惟的無限之最明瞭的形態，是數的系列上之數的無限之累積。……我們對於一切的數，每每不盡其反復計算的可能性，而能再添加一個單位，同樣，對於一切的存在狀態，也能更獲得新的狀態，而這種狀態的無限之造作的地方，便有無限存在。因此，這被正確地思惟出來的無限上，只有那具着惟一方向的惟一根本形式。固然考察那種狀態之累積的正反對方面，這在我們的思惟上，是不牴觸的事情，然而倒進行的無限，却完全是不合理的觀念形態。或許因爲那在實際上，是不能不走反對方向的，所以在其各種狀態上，往往背後不能不跟着無限的數的系列。那時候，或許就犯着一種被計算的無限之數的系列這樣不能容許的矛盾。因此，把無限的第二方向作前提，就明明不合理了』。

從這種無限觀所引出的第一結論，便是世界上的因果之連鎖，無疑地具有牠的發端。就是說：『互相連繫着的無數之原因，已經不能考察，這是因爲牠把無數當做被數的東西來作前提的原故』。於是終極的原因之存在，成了可以證明的事情。

第二結論，『就是定數的法則，卽是屬於某種眞實種屬的獨立的同一物之累積，只可作爲構成定數的東西去考察』。不但現存的天體數，在一切時間上，牠自身是被確定了的，那現存於世界的一切最小的獨立之物質部分的總數，也是如此。這最後的必然性，就是一切總體何故沒有原子便不能考察的眞實理由。一切現實的分割，往往具着有限的確定性，且在不發生那確設計算的無限之矛盾上，也不能不有此。基於同一理由，迄今地球繞太陽而旋轉的旋轉數，雖不能明確計算，總可算是確定數的事情，一切週期的自然過程，也不能不具有某種發端；互相繼續的自然之一切分化，一切多樣性，都不能不植根於一個不變的狀態中。這一狀態，是能夠無矛盾地從長遠的古昔直到現在還存在的。但是，假使時間的自身，是成於眞實的部分，不是因我們的悟性之可能性僅僅觀念的定立而被任意分割的東西，恐怕這種思惟方法，也要被排除了。至於眞實而自身含着差別的時間內容，那另是一個問題。由這種可以區別的事實而充滿於現實的時間，以及處在這時間領域內的一切存在形式，正是因那種差別而可以計算的。我們試把那無變化的狀態，那自己的同一性中沒有呈現何等差別的狀態，考察一下看看。那時候，特殊的時間概念，也要變成一般的存在觀念。空虛的繼續之累積，究竟指示的什麼，這是完全不能了解的事情。——以上是杜林格君的話，他對於這種發見的意義，頗有幾分自鳴得意。他雖然極希望人們『不當做瑣屑的眞理看』，可是以後却又這樣說：『人們務須憶着我們的極簡單的方法，這種方法，牠使無限的概念及其批評，到達未之前聞的境地，……由於現在才試過的精銳鍛鍊和深刻攻究而得到極其單純的普遍的時間觀念及空間觀念的諸要素』。

我們使牠「無限的概念及批評」到達了「未之前聞的境地」！現在才試過的精銳鍛鍊和深刻攻究！所謂我們，原來是誰？所謂現在，究竟是什麼時候？是誰試過的深刻攻究和精銳鍛鍊？

『提說：世界在時間上有發端，一樣，在空間上有限界。——證明：爲什麼呢？假定世界在時間上沒有發端，則到了各種一定的時辰，永久性就成了經過的事情，同時，互相繼續的事物狀態之無限系列，在世界上也成了經過的事情。然而某種系列的無限性，就存於絕不能靠繼續的綜合而完成的這點上。因此，無限地經過了的世界系列，是不可能的東西，所以，世界的發端，就是世界存在的必要條件。這是應該證明的第一點。其次，關於第二點，也假定是反對的，那末，世界就要變成同時現存的事物之一定的無限的全體了。但是，我們在一切直觀的限界內，對於沒有確定的量的大小，除了用部分的綜合方法以外，不能去考察，並且那種量的總體，只有依據完成了的綜合，或依據反復地層層加上統一的事情，才能去思惟。因此，要把充滿了一切空間的世界，當做全體去考察，便不能不把無限的世界之部分的繼續的綜合，當做完成了的東西去考察。就是說，無限的時間，在數盡一切同時存在的事物中，牠是要被當做經過了的東西下考察的。——然而那是不可能的事情。因此，現實的事物之無限的聚集，不能當做一定的全體看，也就是不能當做同時確定了的東西看。所以，世界在空間的擴張上，牠不是無限的，乃是有限界的，這是應該證明的第二點。

以上的問題，是從康德的有名著作一七八一年才出版的『純粹理性批判』中，抄寫下來的，任誰都能在該書第一卷、第二篇、第二章、第二節、第二項所謂『純粹理性的二律背反之一』中看見這種文章。可是杜林格君所藉以釣譽的正是這種事：他在康德所表明了的思想上，添加一個『定數法則』的名稱；發見了曾有時間還未存在而世界存在過的時代。此外關於其他的一切，換言之，關於杜林格君的說明中還具有何等意義的一切，其所謂『我們』的，簡直是康德，所謂現在的，簡直是九十五年前的事情。誠然『極其簡單』，誠然是奇特的『未之前聞的境地』！

但是，康德絕不是把上面的問題，當做被解決了的東西揭示出來的，恰恰相反，他在下頁還斷言並確證一種正反對的事實：世界在時間上無發端，在空間上亦無終極。他正是置二律背反不可解決的矛盾於雙方都可證明之點上的。在普通人方面，或許因爲『康德這樣的人』，猶且在這裏發見了不可解決的困難而有所考慮。可是我們那具有『根本獨特的結論及見解』之勇敢的著者則不然，他熱列地在康德的二律背反中拔出自己用得着的而拋棄了其餘的一切。

問題的本身可以極簡單地來解決。所謂時間上的永久性，空間上的無限性，元來就從文字上的意義說，也是無論前後、左右、上下、任何方面，都沒有終極的。這種無限性和無限系列的無限性，完全是各別的東西。爲什麽呢？因爲後者常是以一爲始，即是以最初之點爲始的。我們如果把這種系列的觀念，拿來適用於空間，馬上就證明牠不能適用於我們的對象。所謂無限系列，一旦翻譯爲空間，就是從特定點上朝一定方向無限地引伸去的線。然則由是就可表現空間的無限性是如何麽？不然！從這一點引伸到三種反對方向去了的六根線，反而是把握空間的距離（Dimension）所必需的，所以我們要有六個距離（Dimension）才行。康德深知這件事，所以他不過把數的系列，間接地迂迴地適用於世界的空間性而已。杜林格君却和這相反，始而強迫我們採用空間六個距離，接後又對於那不以普通的空間三個距離爲滿足的高氏(1)數學的奇說，說出十分不滿的話來。

向變方去的無限的線或單位系列，一旦適用於時間上，則具着某種譬喻的意義，然而我們若把時間當做從一數起的線或從一定點出發的線去考察，那時候，我們便能說時間是從最初起，就有其發端的，換言之，是以我們能夠證明的東西作前提的。我們對於時間的無限性，賦與牠一方的半面的性質，可是一方的半面的無限這東西，牠自身又是一個矛盾，那正是『能夠無矛盾地思惟了的無限』之正反對。我們只有在假定用牠起首來數系列的一，是系列中任意的一個一，從牠起首來測定線

（1）高氏（Gausz 1775-1855），德國數學者。他在數學上 在天文學上，有許多新的發見和發明，著有『算術論』。

的點，是線中任意的一個點，無論把牠們移往何處，而線和系列却無變動的這時候，才能脫離矛盾。

然而『能夠數完的無限的數的系列』這矛盾如何呢？杜林格君如果把數完那種系列的魔術，教授於我們，我們便可更詳細地去研究牠。他如果從—8（加無限大）到零都數完了，那他就要藉着謊話。無論他從那裏數起，他的背後總是還留着無限的系列，同時，還遺留着他應該解決的問題，這是很明白的事情。杜林格君是想把他自身的無限系列1+2+3+4……倒轉來，從無限再數到一的，那明明是完全不辨問題之性質的人們作的事。還不止此，杜林格君若是主張過去時間的無限系列可以數完的話，那他同時便還要主張時間是有其發端的。為什麼呢？因為不如是便無從『數』起。所以他又把應該證明的事情作前提。因此，被數完了的無限系列這觀念，換一句話，杜林格君的那種包括世界的定數法則，是一個形容矛盾（Contraadictioin adjecto），牠自身中含着矛盾，並且含着拙劣的矛盾。

明明白白的事情：有終極無發端的無限，和有發端無終極的無限，完全不樣的不懸無限。如果杜林格君稍微有點辯證法的知識，恐怕他定要像下面的說法：發端和終極，猶如南極和北極，必然地相依隨。省去終極的時候，發端就變爲終極，即是變爲有系列的一個終極。反之，省去發端的時候，終極又變成發端。一切的欺騙，若沒有那應用無限系列的數學上的習慣，怕是不可能的。爲什麽呢？因爲在數學上，要達到不定和無限，那非從一定和有限出發不可，就是說，舉凡數學上的系列，無論正數或負數，都非從一爲始不可，否則不能計算。可是數學者的觀念的要求，却完全不懸對於現實世界的強制法則不同。

加之，杜林格君恐怕做不到無矛盾地思惟現實的無限這件事。無限就是一個矛盾，就是充滿了矛盾的東西。比如無限是從單純的有限構成的這件事，已是一個矛盾，而且事實是那樣。把物質界假定爲有限，那和假定牠爲無限是一樣地引起矛盾來的。並且無論怎樣地試行排除這矛盾，那和已經說過的一樣，又要引起新的更激烈的矛盾來。惟其無限是矛盾，所以牠在時間上空間上，都是無止境地發展着的無限之過程。這個矛盾的止揚，或許就是無限的終極。黑智兒已經正確地透察了這件事，所以對於這個矛盾賣弄詭辯的紳士先生們，當然要受輕蔑的待遇。

再前進一步吧！據杜林格君說來，時間是有其發端的。然則這個發端以前是什麼呢？那就是在靜止的不變的狀態中的世界。因爲在這個狀態上，什麼變化都不繼起，所以特殊的時間概念，也轉變爲存在的一般概念。可是第一，什麼概念要在杜林格君的頭腦中發生變化，在這裏是於我們無關係的事情。問題不在時間概念上，而在杜林格君所決不容易脫離的現實時間上。第二，縱然假定時間的概念，轉變爲一般的存在觀念，我們也不能因此而得到一步的前進。爲什麼呢？因爲一切存在的根本形式，就是空間和時間，所謂時間外的存在，那是和空間外的存在一樣的極無意義的。黑智兒的『無時間的過去之存在』、和新謝林格派的『不可思惟的存在』，與這時間外的存在比較起來，簡直是合理的觀念。因此，杜林格君便很周密地從事於工作，他以爲那在本質上，當然是時間，可是在根本上，又是不能叫做時間的東西，時間牠自身，不是從現實的部分成立的，只不過是吾人的悟性所任意區分了的東西——只有那種拿可以區別的事實來充實於現實的時間，才是可以計算的——至於空虛的繼續之累積，那是表示的什麼，却完全不可解。究竟這種累積是表示的什麼，這裏毫無關係。問題是這樣：世界是在這裏所假定的狀態上繼續的麼？抑經過了某期間麼？測定那種無內容的繼續時，恰和無目的地無目標地測定空虛的空間時一樣，什麼結果都得不到，這是我們已經知道的事實。黑智兒因爲那種處理方法勞而無功，所以把這種無限呼爲惡劣的無限。據杜林格君說來，時間是通過變化而始存在的，然而這却不是說變化存在於時間中或通過時間的話。可是，惟其時間和變化不是同一物，牠是離開變化而獨立的，所以人們能靠變化去測定牠。爲什麼呢？因爲在測定上，常需要着與被測定物不同的東西。其中沒有發生何等可以認識的變化之時間，和非時間完全不同，那簡直是純粹的、沒有感受何等外部的混雜物之影響的時間，即是眞實的時間，原型的時間。事實上，我們如果想把時間的概念，完全純粹地去把握，離開一切外部的而且混雜的東西去把握，那末，我們就要把時間內同時並起或繼起的種種事件，一切都作爲無關係的東西排除掉，因而只把什麼都不發生的時間放在觀念中。因此，我們並不是依着那種情形來把時間的概念併入於存在的一般概念中的，而是要那樣才能到達純粹的時間概念。

然而以上的一切矛盾和不可能，牠和杜林格君基於世界不變的發端狀態這觀念而陷入的混亂比較起來，還是細微的事情。如果世界曾經有過絕對不發生何等變化的狀態，試問牠如何能夠從那種狀態移到變化中來呢？絕對不發生變化的東西（如果從洪荒以來就是這個狀態），靠牠自身來脫離這個狀態而移到變化或運動之中，那是不可能的事情。因此，使世界發生運動的最初動力，不能不是從外部（卽世界外）來的。然而『這最初的動力』，不過是人們所熟知的神這東西的別名。杜林格君把他在世界圖型論中，自稱徹底地驅逐了的神和彼岸這兩者，加以更精銳地鍛鍊更深刻地攻究之後，又引入於自然哲學了。

再朝前進吧！杜林格君說：『在大小是存在的一個固定要素時，大小便是確定的不變。這件事……對於物質及機械力都適用。這最初的命題，可以說是杜林格君的公理的＝同義語反復的雄辯之大好例證。他就是說，大小不變化的那種地方，大小常是同一的，也就是說，曾在世界上存在過的機械力的量，永久是同一的。我們

五　自然哲學(其一)時間與空間　　　八二

暫且不管下面的事實：在正確的限界內，牠已被笛卡兒的哲學於三百年前認識過而且論述過，加之自然科學上，力的不滅之學說也普傳了二千年，而杜林格君乃是從事的把牠限於機械力的這件事，並沒有絲毫改善這學說。即令不管那種事實，然而無變化狀態的時代，機械力究竟在那裏呢？杜林格君對於這一點，却拒而不答。

你若問：杜林格先生！當時無變化的機械力，究竟在何處，牠在作什麼呢？他便答道：『是這個問題：宇宙的原始狀態，更正確地說，不變化的，不包含何等時間變化的累積之物質存在的原始狀態，能夠拒絕牠的，只有那種把自己的創造力之自己破壞，看做智慧的最高點的悟性而已』。他就是這個意思：請你靜默地接受我的不變化的原始狀態罷！否則我(即是有才能的杜林格君)將證明你是精神上的去勢者。不錯，這種威嚇，或許使得許多人們都害怕。關於杜林格君的創造力，已經知道許多例證的我們，對於他這種優雅的謾詞，且不去回答，只再問他一句話：然而杜林格先生！機械力究竟怎辦了？

恐怕杜林格君馬上就要窮於應付吧！實際上他只有吃着口說：『那種發端的極

限狀態之絕對的同一性內，牠自身沒有存在何等的轉變原理。然而我們却不能不憶着這件事：我們所深知的實在之連鎖內的新環，那怕是很小的，而根本上都是一樣。因此，在目前的主要場所發見困難的，雖在較不明確的地方，也許可以認識那不能避免這些困難的事情。而且又加逐漸構成階段的中間階段之插入的可能性存在着，同時，反面能夠走到現象繼續之消滅的一道連續的橋也架着。在純概念上，當然這個連續性不能作為打破根本思想之用，然而在我們看來，那却是一切合法則性以及我們所知道的一切轉變的根本形式，所以我們有權把牠用作那種最初的平衡狀態與其破壞之間的媒介。但是，我們若根據那在今日力學上無大問題(！)而被承認的概念，去考察所謂(！)不動的平衡狀態，那末，對於物質如何能夠移到變化狀態上去的一點，便完全不能說明了。在物體的力學之外，另有一個把物體運動變為極小部分運動的變化。這個變化是如何發生的呢？關於這一點，『我們至今還沒有能夠說明牠的何等一般的原理，所以這問題雖然落到幾分糢糊的中間，我們也不以為怪』。

以上是杜林格君所要說的全部。實際上，我們如果也承認這種真正可悲的遁辭和說法，那我們不但要把創造力的自壞作用，當做智慧的頂點，並且要把盲目的迷信當做智慧的頂點。杜林格君告訴人們說：絕對的同一性，牠自己不能發生變化，絕對的平衡狀態，牠自己身上沒有能夠移到運動上去的何等手段。然則有什麼呢？只有三個謬誤的遁辭。

第一，要想證明從我們所熟知的實在連鎖中的任何最小的一環到次環去的轉變，這件事，仍是一樣的困難。——杜林格君的這種說法，好像把讀者當做嬰兒看待的一般。證明實在的連鎖中之最小鐶的各個轉變及關係，正是構成自然科學的內容的，這時候，若是什麼地方發生了障礙，恐怕任何人（連杜林格君也是一樣）都不想從無這方面去說明先進的運動，而每每只想從先進運動的移動 變化或連續去說明。然而這明明白白是想教運動從非運動發生，即是從無發生的辦法。

第二，我們有『連續的橋』。這當然不是在純概念上使我們克服困難的，然而我們有權把牠用作非運動及運動之間的媒介，他這樣說。可惜！所謂非運動的連續，就是自己不運動的意義，因此，若問怎樣因牠而生運動，就比以前更神祕了。再，杜林格君縱然把非運動到運動的轉變，分解爲砂粒般的小部分，並且賦與了這個轉變以如何長的時間，我們依然不得絲毫的前進。如果沒有創造行爲，我們決不能從無到某物，縱然某物是數學上的微分般的小東西。連續的橋，決不是一般蠢漢通行的橋，那是杜林格君一人能夠通行的橋。

第三，在今日的力學所能適用的限界內，——據杜林格君說來，這力學是供思惟形成之用的最根本的槓桿之一，——是如何從非運動到運動的，這完全不能說明。可是熱力學，是指示質量運動隨情形而變化爲原子運動的（雖然這時候，運動是從旁的運動發生，不是從非運動發生的）。而杜林格君却戰慄地暗示道：這恐怕是在完全靜的（平衡的東西）與動的（運動的東西）之間提供一座橋的吧。但是這個問題落在『幾分模糊』之中了，於是杜林格君便把我們拋在模糊之中。

這是我們用一切深刻的攻究和精銳的鍛鍊所到達的地方，換言之，我們更加深陷於經常精銳地鍛鍊着的陋劣之中，而到達我們所必然要到達的地方——『模糊』之岸了。然而杜林格君却毫不介意，他立刻又在下頁厚着臉說：只有自己，『能夠對於經常不變的固定的概念，直接基於物質及機械力的狀態，給以實質的內容』。奇怪！這種人，偏說旁人『吹牛屁』！

幸事！雖然有這一切的誤謬和混亂，而『糢糊之中』却還給了我們一個安慰，而且是極寫意的安慰。他說：『旁的天體之居民的數學，不能立脚於和我們的數學不同的公理之上！』●

六　自然哲學(其二)宇宙創成論　物理學　化學

今日這樣的世界是如何造成的呢？我們現在更進而達到關於這種方法的理論。物質的宇宙散布說，是已經構成了伊渥里亞派(1)哲學者之出發點的思惟方法，而康德以後，原始星雲說，特別盡了新的任務。依照原始星雲說，認爲是引力與熱的放散漸次造成了一個一個的固形天體。現代的熱力學，能夠使宇宙的原始狀態之推斷，成爲很確實的東西。然而儘管這樣，杜林格君却說：『瓦斯狀的散布狀態，只有其中所存的機械的組織，已能確實說明的時候，才能構成眞實的結論之出發點。

(1)伊渥里亞派(Ionischen)，希臘最古的哲學，主張一元的物活論。因爲這派的哲學者，都出生於伊渥里亞地方，故有是名。

若不然，不僅觀念在實際上極其茫漠，就是原始的星雲，也隨推論之進行，事實上愈益成爲隔膜而難解的東西。……此時舉凡一切，都還脫不了那不能詳密規定的普及觀念之茫漠與無稽』。所以我們『對於這瓦斯狀的宇宙，只不過有一個極渺茫的概念』。

一切現存的天體，適是從一團旋轉的星雲發生的，康德的這種學說，是天文學在科白利庫士以後所成就的一個最大的進步。第一次開始推翻了自然在時間上沒有何等歷史的觀念。在那時以前，都認爲天體始終是停留在同一軌道及狀態之中的，認爲各天體內的一切有機體縱然死滅，而種屬和種類終是不變的東西。都推想着自然在表面上，雖從事於不斷的運動，而這運動却是同一過程的無間斷的重複。康德才打破了這種完全基於形而上學的思惟方法所起的觀念。他的方法，是很科學的方法，他所用的論據，大部分到今日還有適用性。然而嚴密地說，康德的這種學說，還是一個假設。不過這麼說起來，連科白利庫士的世界體系，到現在也同樣地還只算得一個假設。幸虧分光器證明了星空內存有那種灼熱的瓦斯體，把一切反對說都打得粉碎，由是對於康德說之科學的反對，便銷聲匿跡了。那怕杜林格君，若沒有這星雲的階段，便不能完成他自己的世界構成。可是他却要求證明這星雲狀態內所存的機械的體系，抓住這是證明不了的理由，借着對星雲狀態的一切侮辱言辭，以發洩胸中的積憤。可惜！今日的科學，不能按照杜林格君所認爲滿足的程度來說明這體系。同樣，今日的科學，對於旁的許多疑問也不能答復。比如說，蝦蟆爲什麼沒有尾巴？今日的科學對於這個疑問，還只能答復道：因爲蝦蟆生來就沒長尾巴。然而有人憎慨這一點，說這完全沒有脫離那不能詳密規定之破損觀念（Verlustidee）的茫漠與無稽，還是一個極渺茫的概念，我們根據這種道德適用於自然科學的事情，一步都前進不了。像這種不信任和憤慨的表現，任在何時何處都能做到，然而惟其如此，所以任在何時何處都不適宜。究竟是誰阻礙杜林格君發見原始星雲之機械的體系呢？

幸而我們現在聽見過這句話：康德的星雲說，『和宇宙媒介體完全屬於同一狀態的學說，換言之，和物質的不變狀態說，迥然不同』。這件事，在滿足於從現存的天體追溯到星雲，連作夢都未想到物質的不變狀態之康德，眞是幸福！雖然今日的自然科學上，把康德的星雲呼做一個原始星雲的名稱，那當然只是比較可解的東西。其實所謂原始星雲，一方就是現存的天體之根源的意義，他方則是我們至今追溯得到的物質之最原始形態的意義。這一事實，決不是排除物質在原始星雲以前，也曾經過其他形態的無限系列那件事的，簡直可說是以此爲前提的。

杜林格君所認爲有機可乘的正是這一點。假如我們的科學走到原始星雲說而停留的時候，他的科學之科學，就要使他更進而溯及那『宇宙媒介體的狀態』，溯及那『在今日觀念的意義上、既不是純粹靜的東西，也不是動的東西』——因而畢竟是——『不能理解的狀態』。『物質的不變狀態，是一切可以列擧的發展狀態之前提，我們所稱爲宇宙媒介體的物質和機械力的統一，就是要把這一事實指示出來的所謂論理的＝現實的表式』。

我們還沒有明顯地脫離物質不變的原始狀態。這裏，物質的不變狀態，表現爲物質和機械力的統一、而這統一又表現爲理論的＝現實的表式，因此，物質和機械力的統一一消滅，運動就開始。

所謂論理的＝現實的表式，不外於想把黑智兒的『卽自』(Ansich)與『向自』(Fürsich)的範疇，利用到現實哲學上去的一種笨拙的嘗試。在黑智兒方面，這卽自的中間，存有潛在於一個事物，一個過程，一個概念當開的未發展的對立之原始的同一性；而向自的中間，乃潛在的要素之區別及分化；因爲這樣衝突就開始。因此，我們要把不動的原始狀態，看做物質和機械力的統一，把走向運動的轉形，看做兩者的分化和對抗。然而我們依據這一點去理解得到的，並不是那種想像上的原始狀態之實在的證明，只不過能把那種想像的原始狀態，在黑智兒的卽自的範疇下去把握，把那種想像的消滅，在黑智兒的向自的範疇下去把握而已。黑智兒呵！幫助幫助呵！

杜林格君說：物質是一切現實的充任者，所以機械力決不能在物質之外。更進一層，機械力就是物質的狀態，所以任何變化都不發生的原始狀態上，物質與其狀態——機械力是一個東西。其後某種變化開始發生的時候，無疑地物質的原始狀態已從物質分離出來了。照他這樣說，我們便只好滿足於一種神祕的話語和保證了，即是滿足於所謂不變的狀態，既不是靜的東西也不是動的東西，既不是平衡狀態也不是運動狀態。但是，我們仍然不能理解這件事：究竟機械力是何時存在於那種狀態之下的？牠如何不受外部的刺戟即無神的行爲，而能從絕對的不動到運動呢？

在杜林格君以前，唯物論者把物質及運動當作問題。可是杜林格君却要把運動歸到所謂根本形態的機械力上去，而同時就使物質與運動之間所存的現實的關聯不能理解。這種關聯，就在從前的一切唯物論者，也是未曾明瞭的事情。然而問題却極簡單。運動是物質的存在形態，無論何處都不曾有過無運動的物質存在，而且不會存在。宇宙的運動，各個天體內最小的物體之機械的運動；成爲熱、或電流、或磁流之分子的運動；化學的分析及化合；有機的生命——宇宙間的一切原子，在一切瞬間都構成運動形態的某一個，或同時構成幾個運動形態，一切的靜止，一切的平衡狀態，只是相對的，他要和某種特定的運動形態相關係的時候，才有意義。例如地球上的某一物體，是在機械的平衡狀態之上的，即是處於機械的靜止狀態之上的。然而這一事實，絕不妨害牠參與地球的運動及全太陽系的運動，也不妨害牠的物理學的極小部分，生出爲氣溫所規定的振動，且不妨害牠的原子經過化學的過程。無運動的物質，和無物質的運動一樣，是不能思考的。因此，運動和物質的自身一樣，既不能創造，也不能破壞。所以舊哲學（笛卡兒）這樣地表現這件事實，牠說存在於世界的運動的量，是經常不變的東西。因此，運動不是被創造出來的，只不過能夠移動而已。運動從這一物體移往那一物體的時候，在牠自己移動的限界內，即是在能動的限界內，可以把牠看做被移動的原因，即是受動的運動之原因。這種能動的運動，我們稱之爲力，受動的運動，我們稱之爲力的表現。由此看來，力和牠的表現是一樣大的這件事，便明白了。爲什麼呢？因爲兩者間，都是同一的運動所完成的原故。

這裏，便明白了所謂物質的不運動狀態，簡直是極空虛而極不合理的觀念之一，是純粹的『夢話』。要到達那種觀念，便不能不先把現存於某處的地球上的物體之相對的機械的狀態，當做絕對的靜止狀態去觀察，而後把那種觀察推及於宇宙全體。但是，這只要把一切的運動，歸到單純的機械力時，就容易成功了。然而把運動限於單純的機械力這上面，却存有那種能夠把力作爲靜止的、被束縛了的，一時不活動的東西去觀察的利益。就是說，運動的移動，若是頻頻發生的極複雜的過程，而這過程上又需要許多中間的連環時，則由於拋擲連鎖中的最後之一環，可以把現實的移動，延長到任意的時刻。如裝火藥於銃內，按銃機而射出的事，我們保留發射的時機，即火藥燃燒所引起的運動的移動之顯現的時機，便是。因此，便可以想到物質在不動的不變狀態之中，是裝了力的東西。如果問杜林格君所用的物質與機械力的統一這句話，究竟指的什麽，那可說是指的這件事，然而這是錯誤的觀念。爲什麽呢？因爲他把本質上是相對的狀態，即在某一瞬間只和物質的一部分發生關係的狀態，當做絕對的狀態而推及於全世界的原故。但是，縱令除開這一點，仍然還有以下的困難：第一，是世界如何能夠裝那種力的問題，因爲時至今日，銃還是不能自己裝藥；第二，是誰的手去按的銃機的問題。我們是能從心所欲地說明的，但在杜林格君的指導之下，却每每只好歸於神的指頭了。

我們的現實哲學者，從天文學移到力學和物理學，因而嗟歎道：熱力學在其發見以來的一世紀中，本質上，一步都未超越羅伯邁雅(1)所漸次使其到達的境地而前進。加之事實的全體，都還極其模糊。我們『必須常常記着這種事：在物質的運動狀態之外、還有靜止狀態的存在；而後者是和機械的作用沒有何等關係的東西。……我們曾把自然呼為一個大的勞動者，我們現在如果還要力持這種主張，便不能不在上面聲明一句：不變的狀態及靜止的關係，决不是表示機械的作用的。所以，我們在這裏，也是沒有可以再從靜的移到動的去的媒介的。所謂潛熱這東西，如果至今對於這個理論還是一個防害，那末，我們在這裏，也就要承認那適用於宇宙的時候不可否定的缺點了』。

此等一切玄妙的談論　其實也不外於表現了這種壞心眼：對於從絕對的非運動性造出運動來的事情，既已感着陷入了絕望的境地，而又恥於依賴惟一救主的天地創造者。如果含有熱力學的力學之中，猶且不能發見從靜的到動的，從平衡狀態到運動的媒介，那末，何以杜林格君獨有義務去發見這不運動的狀態到運動去的媒

(1)羅伯邁雅（Robert mayer 1814-78），德國自然科學者他唱力的不增不減說，著有『論力的保存』等書。

介呢？或許要這樣，他才僥幸逃脫了那種苦痛的境地。

在通常的力學上，有從靜的到動的去的媒介之存在，——從外部來的刺戟就是這個。把一百磅重的石頭，舉到十米突高，當牠構成不變的狀態，在靜止的關係上停止起來而吊着的時候，要說這物體的現在狀態，決不是表示機械的作用的，而其距離原來的位置，也不能靠機械的作用去測定，這只有向嬰兒羣衆去宣傳才行。無論路傍的何人，恐怕都能教杜林格君理解這一點：石頭不是逕自跑到這高處的繩子頭上來的；又、無論什麼力學的辭典，恐怕也能告訴這件事：如果教他把石頭再放下來，則石頭在落下的時候所完成的機械的作用，便和牠被舉到十米突高的時候所必要的是同一之程度。就只石頭被高吊着的這單純的事實，也是表現機械的作用的。爲什麼呢？因爲若是長時間的吊着，則化學的分解之結果，繩子便不能支持而至於被石頭墜斷。借杜林格君的話說，一切機械的現象，都能歸到那種單純的根本形態上，只要十分用他的能力，還不曾有過不能發見從靜的到動的去的媒介之技師。

運動爲其反對物卽靜止所測定，——這件事在我們的形而上學者方面，實在是困難而討厭的事情。據杜林格君看來，那正是一個明顯的矛盾。而一切的矛盾，就是不合理的東西。可是他儘管這麼說，而事實上，吊着的石頭，却表示出一定的機械運動的量，而這種機械運動的量，根據石頭的重量及其離地的距隔，可以正確地測定出來；可以在種種方式上——例如依據垂直的落下；依據斜面滑下；依據體軸的旋轉——隨意利用，關於裝了火藥的銃，也是一樣。在辯證法的見解上，運動在其反對卽靜止的中間表現出來，這決不是何等困難的事情。據辯證法的見解，恰如我們前面所說，一切的對立，都只是相對的，絕對的靜止，無條件的平衡狀態，沒有存在過。各個的運動，雖向着平衡狀態前進，而總的運動却又止揚這平衡狀態。於是靜止與平衡狀態的發生，隨時都是被限制了的運動之結果。不消說，這運動是可以依據結果去測定，在結果中表現出來，並從這一結果變成其他別種形態的東西。然而這樣單純地說明事物，杜林格君是不能滿足的。優異的形而上學者的他，先在運動與平衡狀態之間，造出實際上不存在的鴻溝，隨着又驚奇他自造的鴻溝上，不能發見通行的橋。因此，所以他也能巧妙地騎着他的形而上學的洛西蘭特(1)，追蹈於康德的『物自體』(Dingan sich)之後。爲什麼呢？因爲隱藏在這不能發見的橋蔭下的，就是『物自體』，此外沒有旁的什麼。

然則對於那種學說成爲『障礙物』的熱力學和潛熱是什麼？

若在普通氣壓下，把冰點下的冰一磅，依熱的作用變爲同一温度的水一磅，則消失的熱量，足和水一磅從攝氏的零度熱到七九•四度時的熱量相等，或足和七九•四磅的水，熱到一度時的熱量相等。又，把一磅水熱到沸騰點即一〇〇度而變爲一〇〇度的蒸汽時，則到最後一滴變成蒸汽爲止，則消失七倍的熱量，足和五三七•二磅水的温度提高一度的熱量相等。這個被消失了的熱，就叫做潛在的熱。若依冷却的作用再把蒸汽變爲水，把水再變爲冰，則和以前所潛在的量相同的熱再被發散，即被感覺得是熱量，且能被測定。這熱量在蒸汽的凝集及水的結冰之際的發散•就是蒸汽在一〇〇度上冷却的時候，漸變而爲水，冰點的水．極徐緩地變而爲冰的原由•這是事實。所以問題是這樣：然則熱量當其潛在着的時候，是什麼情形？

(1)洛西蘭特(R。zinante)，意大利塞爾班小說中的董基何之坐馬。

熱力學——據牠說來，所謂熱，就是物體的物理學活動之最小部分（分子），因氣温和凝集狀態之不同而異其大小的震動，而這震動又能因情形之不同而轉變而爲其他的任何運動形態——用以說明問題的是這種事實：卽是已經消失了的熱量，牠完成了某種作用，或變成了某種作用的事實。冰在融解時，便失去各個分子間相互密切的關聯，而變爲鬆緩的並存關係。沸騰點上的水蒸發時，各個分子的相互間，完全不起什麼顯著作用，而且因熱的作用而發生飛散於各方面的狀態。因此，便明白了這件事：某種物體的各個分子，在氣體狀態上，比在液體狀態上所具的力更大，而在液體狀態上，又比在固體狀態上所具的力更多。所以，潛在的熱量，絕不是消失了而只是轉變了，只是採取了分子的膨脹力之形態。各個分子能夠相互保持那種絕對的或相對的自由之條件一停止，換言之，溫度一旦降到百度以下或零度以下，這膨脹力便消失了，分子便再以從前離散了的同樣的力相互凝集起來。這個力若消滅，就是牠再現爲熱量，並且再現爲正和以前所潛在下去的同一量的熱量了。這個說明，不用說，和熱力學一樣是一個假說，至少在迄今任何人都沒有看到分子

（何況震動的分子）的限界內是如此的。惟其如此，所以這一說仍和一切的新說同樣，明明充滿了缺點。但是，牠卻至少可以和運動的不生不滅的性質不相矛盾而說明現象，而且可以精密地計算那通過變化的熱量的不變。因此，潛在熱，絕不是熱力學的障礙。反之，根據這一說，才能完成現象的合理的說明，如果以爲有障礙，那至多不過是從下面的事實發生的，卽是由於物理學者對於變爲其他分子能的形態之熱量，還用陳舊的，不適當的『潛在』這名詞去稱呼的原故。

　因此，在機械的作用爲熱量的尺度時，固體，液體，以及氣體的不變狀態和靜止關係，是表現着機械的作用的。地殼和大洋的水，在其現存狀態上，都表現着被發散了的熱的一定量，不消說，在這熱的一定量上，機械力的一定量是和牠相照應着的。又，當地球之根源的氣體變爲液體，其後大部分又變爲固體的時候，分子能的一定量，是以熱量放散於空間的。所以，像杜林格君那麼神祕的耳語般的困難，是不存在的，那怕把牠適用於宇宙一般的當間，也不會遭逢理論所不能克服的障礙，雖然要碰着缺漏（這是我們的認識手段不完全的罪過）的話。從靜止到運動的媒介，在這裏，也是由外部來的刺戟，即是對於平衡狀態上的對象發生影響的其他物體所惹起的冷却或温蒸。我們對於杜林格君的這種自然哲學越深入，便越發理解了：想從不動去說明運動，或是想發見純固定和靜止有能夠自己達到活動、達到運動的媒介，這一切的嘗試都是不可能的事情。

因此，我們便能僥幸暫從不變的原始狀態脫離出來。杜林格君現在又移於化學上去了。他借這個機會，把至今為現實哲學所獲得的關於自然的三個不變法則，像下面那樣地告訴我們。

他說：(一)一般物質的大小；(二)單純的（化學的）要素之大小；(三)機械力的大小，這三件都是不變的東西。

這就是說，物質的不生不滅之性質，以及物質具着單純要素的時候而其要素及運動的不生不滅之性質，——這從來周知的表現得極不充分的事實，——是杜林格君作爲他的無機界的自然哲學之結果，拿來提供於我們的惟一積極的見解。然而一切都是我們已經知道的事情，我們所不知道的，就是『不變的法則』，就是如是如是的『事物的體系之圖型的特性』。這仍和上述的康德的情形一樣。換一句話，就是杜林格君把世界周知的廢物拾起來，在那上面貼上杜林格的商標，因而稱爲『根本獨特的結論及見解：：構成一個體系的思想：：根本的科學』。

話雖這麼說，我們却仍不必因此就失望。那種最根本的科學和最好的社會制度，無論有什麼缺陷，而杜林格君却能斷然地主張牠是惟一無二的東西。他說：『存在於天地間的金子：必然地常是一定額，和一般的物質同樣，不能有所增減』。但是我們拿着這『現存的金子』，能夠買得什麼？可惜杜林格君不會告訴我們。

七　自然哲學（其三）有機界

『從壓力及衝擊上的力學到感覺和思想的結合，有一個居中的惟一的統一階段存在』。杜林格君不過如斯斷定而已，對於生命之發生的詳細的說明，却故意規避，雖說他以爲有些人們，以爲那些把世界的發展追溯到牠的不變狀態、對於其他天體也很通曉的思想家們，關於這一點是精通的話。然而這個斷定，在不爲前述的黑

七　自然哲學(其三)有機界

智兒的質量關係的結節線所補足的時候，只有半分的正確性。從某一運動形態到其他運動形態的轉變，儘管是漸進地完成的，然而却是一個飛躍，一個決定的轉變。例如從天體的力學到各個天體內的細微物體的力學之移動是如此，同樣，從物體的力學到分子（我們在純粹物理學上所研究的運動，如熱、光、電氣、磁氣等都包含在內）的力學之移動也是如此。又，從分子的物理學到原子的物理學——化學——之移動，也一樣地爲決定的飛躍所完成，而從通常的化學作用到我們所稱爲生命的蛋白質的化學作用之移動，更是如此。在生命的界內，飛躍是更稀薄，更不明顯的。——因此，在這裏不能不糾正杜林格君的，仍是黑智兒。

使杜林格君在概念上構想着到有機界去的移動的，便是目的概念（Zweckbegriff），這也是從黑智兒借來的。黑智兒在論理學——概念的學問——上，依着目的的論或目的的學問而從化學作用移到生命上。無論就那方面說，我們在杜林格君的學說上看見的，都是黑智兒的『生硬』，他公然把牠稱爲自己的根本的科學。目的及手段的觀念之適用於有機界，究竟到什麼程度是正確的適當的？在這裏研究這一點，恐怕過於離開了問題吧！總之，黑智兒的『內在的目的』，——即：不是那種靠意思的動作着的第三者（比如靠神的叡智）而移入於自然之中的目的，乃是存在的事物本身的必然性之中的目的，——若在那些沒有充分哲學的教養的人們適用起來，便要不斷地把意識的而且意圖的行爲弄成無意識的假造。杜林格君對於他人的極其細微的『心靈主義的』傾向，每每發出激烈的義憤，他自己却斷定『本能的感覺，主要的是爲着滿足而創造出來的東西，那種滿足又是和滿足的實行相伴隨的』。他對我們這樣說：可憐的自然，『不能不使對象界常常建立新的秩序』，同時，牠又不能不作那種『從自然方面看來，需要超乎世人所通常認識之上的精妙』的工作。然而自然不僅知道自己爲什麼造此造彼而已　牠不僅做使女的工作而已，自然不但具着精妙——只此已是主觀的意識的思惟中之極美滿的完成——牠還具着意志。爲什麼呢？即令說本能把現實的自然條件如營養、生殖等等，爲副次的充實，而對於那種本能之副次的作用，『我們是不能當做直接被欲求的東西去觀察，只能當做間接被欲求的東西去觀察的』。這樣，我們便到達意識地去思惟去行動的自然了。換一句話，不是站在從靜止到運動的『橋』上，而是站在從汎神論(Panthersmus)到自然神論(Deismus)的『橋』上了。或者杜林格君現在是來作一次『自然哲學的半熟詩』的麼？

那是不可能的事情。我們的現實哲學者關於有機界方面所能告訴我們的，總而言之，是限於對這自然哲學的半熟詩，對『具備了價廉的淺薄和堪稱科學的神秘性之欺騙主義』，對達爾文主義的『半熟詩的特徵』的鬥爭。

達爾文首先充了槍靶子。他被這樣地攻擊着：把馬爾薩斯的人口論從經濟學移到自然科學；囿於牧畜者觀念；以生存競爭說來作非科學的半熟詩；整個的達爾文主義，若除開了向拉馬克的借用，不過是違反人類性的一片獸性而已。

達爾文從他的科學旅行中，帶回了一種見解：認為植物及動物的種類並非不變的而是變化的東西。他為了把這種思想在自己的家中更加考究，以動植物的培養作最良方法。實在就這種培養說，英國是古典國，別的國家的勞績——比如德國，在這點上所成就的，便遠不及英國。但是，大部分的結果，都是過去百年的事情，在事實的確證上，還不那麼十分困難。於是達爾文發見了這件事：這種培養，對於同種的動植物，以人爲的方法所引起的差異，比一般被認做異種的種類之間的差異還大。因此，一方到某點爲止，證明了種類的可變性；他方又證明了屬性不同的有機體，其祖先是可以共同的可能性。所以，達爾文接着就研究這一點：培養者並未意識的意圖過，只因對於生活的有機體，施行人工的培養，遂不絕地發生變化，那末，自然的中間，究竟有無惹起和這同樣變化的原因之存在呢？於是他在自然所產出的無數的胚種與實際上得以成育的極少數的有機體之間的不平衡上，發見了這一原因。現在知道一切的胚種，都爲自己的發展而努力，所以必然地發生生存競爭，這不單是直接的肉體的競爭，或單表現爲吞噬而已，就在植物方面，也還表現出獲得空間及光線的競爭。在這種競爭上，縱然是極細微的個體，只要牠具有何等利於生存競爭的個性，便有能夠成育和繁殖的希望，這是明顯的事情。所以，這種個性具有遺傳的傾向，如果牠又爲許多同種的個體所表現時，便因遺傳的累積，在一度取得的方向上，更加具有強盛的傾向。反之，沒有具着這種特質的個體，便容易在生存競爭上失敗而逐漸歸於消滅。這樣，種是因自然陶汰和適者生存而變化的。

杜林格君對於達爾文的這種學說，他說：生存競爭的觀念之起原，正和達爾文的自白一樣，是可以求之於經濟學的人口論者馬爾薩斯的見解中的，所以他陷入了牧師的見解般的馬爾薩斯的人口過剩所特有的一切缺陷。——但是，所謂生存競爭的觀念之起原，可以求之於馬爾薩斯的見解中的話，達爾文決沒有想到。他只說過他自己的生存競爭說，是把馬爾薩斯的學說，適用於全體動植物界了的。達爾文毫無成見地採用了馬爾薩斯的學說，因此就說他錯誤，我想無論把多大的錯誤歸在他身上，總之任誰一見都知道以下的事實：要認識自然界的生存競爭——此係自然無節制地產生出來的無數胚種和能夠成育的少數胚種之間的矛盾，實際上，這矛盾的大部分（有時極慘酷）都是被生存競爭所解決——並不需要馬爾薩斯的眼鏡。正如李嘉圖作爲立論根據的馬爾薩斯的理論，雖然已經消滅之後　而工銀法則依然實現一樣，自然界的生存競爭說，也是不需要馬爾薩斯的何等解釋而能成立的。加之，自然的有機體，也同樣地有其繁殖法則，不過這法則向來沒有被人研究罷了，然而牠的確立，對於種的發展理論，也許具有決定的重要性。然則在這方面賦與了決定的刺戟的是誰？那並不是旁人而是達爾文。

杜林格君却極力避免深入問題的這種積極方面。反之，他還要反復地攻擊生存競爭說。據他說來，無意識的植物和柔順的草食動物方面的生存競爭，原來就成不了問題。『就嚴密的意義說，生存競爭是在奪取食料及吞噬弱者的範圍內，表演於獸行上的』。他把生存競爭的概念，拘束到那樣狹隘的範圍之後，便把他自己以爲只有獸行才適用的這種概念，當做獸行而對牠發洩毫不留情的憤怒。然而他的這種義憤，只是對他自己發的義憤罷了。爲什麼呢？因爲他自己才是那種被限制了的生存競爭的惟一創作者，也就只有他自己才能負那種責任。因此，達爾文倒不曾『求一切自然行爲的法則及知識於猛獸世界』，——因爲達爾文實在把全體有機界都包括在那種競爭法則之下的原故，——那只是杜林格君自己繫成的空想的茅人。就作爲生存競爭這名稱，足以招致杜林格君的大大的義憤吧！無如那種現象在植物方面也存在，這是一切的牧場，一切的穀田，一切的森林都能證明的事實。不過應該叫牠一個『生存競爭』呢？抑叫牠一個『生存條件及機械的作用之欠缺』呢？問題不在於名稱如何，而在於這事實影響到種的保存及變化上的如何。關於這一點，杜林格君很頑強地守着永久的沉默。所以，自然淘汰的問題之討論，暫且截至這裏爲止。

但是，杜林格君又說：達爾文主義是，『從無中生出他的變化及分化來』的。誠然，達爾文處理自然淘汰這問題的時候，不曾注意那引起各個個體上的變化之原因，他第一是把這種個別的差異，如何逐漸構成部屬、種屬、或種類的特徵這件事、當作問題在研究。在達爾文看來，最重要的問題，不在於發見這種原因——直到今日，牠的某部分還完全不知道，某部分不過能夠指出其大概——簡直在於發見該原因的作用，可保持其持續的意義的合理形式。然而達爾文却過事把自己的發見適用於廣大的範圍了，他把牠作爲種變化的惟一槓杆，遂被那種對於各個反復變化施行一般化的形式所掩蔽，而看漏了各個變化的原因，這是他和那些成功眞實進步的許多人們所共通的一個缺點。但是，達爾文若眞從無中產生出那種個體的變化來，並專門適用『培養者的智慧』，那末，這培養者，便不但從無中產出自己的觀念上的動植物形態之變化，而現實上的動植物形態之變化，也要從無中產生出來了。實際上，那種變化及分化，究從何處產生？給與人們以研究這件事的刺戟的，也並不是旁人而是達爾文。

尤其最近由赫克爾擴大自然淘汰的觀念，他認爲種的變化，是順應與遺傳的交互作用，同時，他還說明了順應是進化的變化方面，遺傳是進化的保守方面，這在杜林格君看來也是不正確的。他說：『對生活條件的眞正順應，當其爲自然所規定或拘束時，是以表象所規定的本能及行爲爲前提的，否則那個順應，便只是表面上的事情，而這裏所作用的因果關係，便不能走出物理學，化學，以及植物生理學的下級階段』。杜林格君在這裏所要憤怒的，也是關於名稱的事情。然而無論杜林格君想怎樣稱呼這現象，而這裏的問題確是如此：究竟是否因這種現象而在有機體的種上發生變化呢？杜林格君對於這一點，仍然沒有一個回答。

杜林格君說：『假使植物當其生長之際，選擇那可以獲得極多光線的方面，而這個進行的結果，也不外於物理學的力與化學作用的結合。如果說這種情形不是譬喻而是眞實的順應，那就概念上必然招致心靈主義的混亂』。自然究竟基於什麼意思而如此如彼地造作呢，深切理解了這一點的人，講着自然的精徵的人，並且連自然的意思都講到的人，確比旁人不同些，是嚴密些！然而正牌的心靈主義的混亂，不知究竟是誰？赫克爾呢？杜林格君呢？

其實，那不但是心靈主義的混亂，且是論理的混亂。我們已經知道杜林格君爲了在自然中實現目的概念的一切努力了。他說：『手段與目的的關係，絕不是以意識的意圖爲前提的』。然則他那樣攻擊着的既不是意識的意圖，也不是觀念的無媒介的順應，牠不是那樣無意識的目的活動是什麼？

所以，那怕青蛙和食樹葉的蟲是綠色，砂漠的動物是黃色，極地的動物大體上是雪白色，然而牠們決不是根據意圖或何等觀念獲得那種顏色的，反之，牠們的顏色可以用物理學上的力與化學作用去說明。但是，這些動物們靠自己的色彩合目的地順應了自己的生存環境，確是無可否認之點，而且牠們託庇這件事，可以大大地減少敵人的發見。同樣，某種植物用以捕食那些棲息於牠身上的蟲子的器官，也是順應牠這個活動的，而且合目的地順應着。所以，杜林格君所主張的順應須靠觀念而成功，這換一句說，就是說目的行爲也須是觀念所媒介的意識的意圖的東西。這樣，我們就和現實哲學的經常情形一樣，又到達目的的創造者——神的上面了。『世人曾把那種結論呼做自然神論，不甚重視牠(杜林格君說)、實際人們現在正回到以上的關係中』。

我們由順應進到遺傳去。這裏照杜林格君說來，達爾文也完全走入了迷途。他說：達爾文以爲有機界的全體，都是從一個原始物(Urwesen)發生的，簡直就是惟一物種的子孫。在達爾文看來，若無某種血緣關係，便不會有同種的自然物之獨立的並存，所以，他不能不依據自己的退一步的研究，走到生殖或其他繁殖系統所終結的地方。

達爾文把現存的一切有機體從惟一的原始物中論的這種主張，鄭重地說、就是杜林格君的『自己的任意創造和想像』。達爾文明明白白在所著『物種之起原』第六版的最後第二頁，這樣說過：自己『不把一切的存在，看做各別的創造，而看做從

七　自然哲學(其三)有機界

若干少數的物體生出來的直系的子孫』。赫克爾更進幾步地說：假定『在植物界，是一個完全獨立的祖先，在動物界，是另一個祖先』，而這兩者之間，又『有若干獨立的勃洛季士吞(Protisten)的祖先，各個都是離開自己的原始莫列耳(Moneren)形態而獨立地發達起來的』(創造史，三九七頁)(1)。但是，這種原始物，原來是杜林格君要把牠和原始猶太人亞當的傳說相對照，好拚命地施行攻擊而發明的東西。可惜這時候，有一件在他(杜林格)是不幸的事情：這原始猶太人，因為斯密氏(2)對於亞西里亞的研究，變成了原始塞米人；又，拜布耳的創世記及羅亞的大洪水這兩種故事，完全是猶太人，巴比倫人，卡爾達人以及亞西里亞人所共通的古代異教的宗教傳說之一節，他簡直不知道這回事。

說達爾文終止在血緣的系統被切斷了的地方，這對於達爾文固然是過刻的攻擊，却也不能否認。不幸一切自然科學，都值得這樣攻擊。這些自然科學，都『終止』在血緣的系統被切斷了的地方。自然科學還不曾無祖先而能創出有機物。實際上，連從化學的要素造出單純的原形質或其他蛋白質來的事，都還做不到。

(1)赫克爾把最下級的單純有機物，作為Protisten界，從多細胞的動物及植物中分類出來，使之屬於單細胞或幾個同種細胞所成的有機物。把這種東西的最原始形態叫做Moneren。

(2 斯密氏(George Smith 1840-1876)，英國東洋語學者。他是著名亞西里亞語的翻譯，關於巴比倫遺物研究之著述甚多。他於1871年，在大英博物館的楔形文字的斷片中，發見了關於羅亞大洪水的記錄。知道羅亞大洪水不是巴勒斯坦的創造，而是巴比倫的故事。

因此，自然科學關於生命的來源，迄今還只能確定牠無疑地是在化學的道程上被完成的。然而現實哲學，或許能夠救濟這一點，因爲他是處理互無血緣關係之獨立的並存的自然物的學問。然則這些自然物是如何發生的呢？是由於自生的麼？直到現在，那怕自生論的最勇敢的代表者，也只能說黴菌、菌的胚種、以及其他極原始的有機物，是在這種方法上產生的東西，決不敢主張虫、魚、鳥、哺乳動物、都是這樣產生的。但是，如果認爲此等同種自然物——當然是有機物，這裏專門只論有機物——沒有血緣關係，那就不能不認爲此等自然物或其祖先，是在『血緣的系統被切斷了的』那種地方，因各別獨立的創造行爲而在這個世界上現出來的東西。所以，我們又碰見了創造主，碰見了人們所稱的自然神論。

再者，所謂『把各種特質中的性別的構成行爲，當做這些特質發生的根本原則』，杜林格君以爲這是達爾文的極膚淺的觀察。這也是我們的根本的哲學者之自由創造和想像的事情。反之，達爾文明明這樣地說着：自然淘太這一語，單是指的變化的助長，絕不是指的變化的起源(前書六三頁)。把達爾文所未曾說過的話，拿來誣賴他，這便我們理解了杜林格君的深刻的用意。牠的用意就在這裏：『如果以爲在生殖的內在的圖型中，求出了何等獨立的變化原理，那末，這個思想，或許完全是合理的。爲什麼呢？因爲把一般的發生原理和性別的生殖原理，從事統一的觀察，從一個較高的見地着眼，對於所謂自生，不把牠認做再生產的絕對的對立，而認做恰是一個生產，這是當然的考察』。發出這種狂言來的傢伙，他還厚着臉攻擊黑智兒的『夢話』。

好罷！杜林格君對於達爾文說所刺戟起來的自然科學上的偉大進步，用以洩憤的那種醜惡而自相矛盾的怒罵，只此已十分了。達爾文並遵奉達爾文說的自然科學者，都不曾起意想小視拉馬克的偉大供獻，並且開始喚起人們注意拉馬克的，正是他們。但是，在拉馬克時代，科學還不能處理充分的材料，因而對於物種起源的問題，只算給了一個先導的回答，給了一個預言的回答，我們不可看漏這件事實。其後，在聚積於那種蒐積動植物學及解剖動植物學的領域之龐大材料而外，產生了拉馬克以來的兩個極重要的嶄新科學，這就是動植物的胚種之研究（發生學），以及保存在地殼各層的有機物的殘骸之研究(古生物學)。實際上，就是發見了有機物的歷種走到成熟的有機體的發展階段，牠和相繼出現於地球上的歷史中的動植物順序之間，存有奇異的一致。而給進化說一個最確實基礎的，正是這個一致。不過進化說本身，還是一個極新的學說，因此，將來的研究，無疑地還要把現今嚴格地對於達爾文的物種進化過程所具見解，從事顯著的變更。

然則現實哲學關於有機物的發展，想積極地對我們說些什麼？

牠說：『……所謂物種的變化，是一個可以容許的假定』，而同時却『存有無血緣關係的同種自然物的獨立的並存』。那末，我們便不能不如此觀察：異種的自然物，即變化的種，都相互地有着血緣關係，而同種的自然物則不然。然而這還是不正確，因爲就在變化的物種方面，也是如此——『血緣所生的關係，反而是自然的完全第二次的行爲』。因此，血緣固然是有的，牠却是『第二流的性質』。杜林格君以爲關於血緣這件事，說了許多無價值的話之後，又把牠從後門口拉進去，這是痛快事情。在自然淘汰說方面也是一樣。爲什麼呢？因爲他對於自然淘汰所由實現的生存競爭說，發洩了許多義憤之後，忽然說：『被造物的特質之較深的根柢，也是可以求之於生存條件及周圍的關係之中的，反之，達爾文所主張的自然淘汰說，只算得第二次上的問題』。所以，儘管自然淘汰被列入第二流，總是存在的東西。同時，生存競爭，馬耳薩斯的牧師式的人口過剩論，也同自然淘汰一樣！這是總綱，其他的情形，杜林格君教我們去讀拉馬克。

最後，他誥誡我們不要誤用變態及進化的名辭。據他說，變態是不明確的概念，進化的概念，只在進化法則為實際所證明的範圍內，才可容許。我們可以拿『構成』這一語來代替那兩者。如其是這樣，萬事便很順遂了。他的這種說法，還是照例的套子。那怕事物依然如昔，只要我們變變名稱，杜林格君就完全滿足了。我們如果說卵中的雞的進化，那我們就陷入了混亂的泥塗，因為我們對於進化的法則，只能找出不充分的證據。可是我們如果說的是雛的構成，或許萬事都明顯了。所以，我們不能說小孩子健壯地生長，只能說小孩子健壯地構成。我們祝福杜林格君，他不僅能和『利白恩根的指環』(1)之作者一樣的自尊自大，並且在儕輩將來作曲家

(1)利白恩根的指環（Nebelungenring），德國神話中的亞爾伯里西用萊因的金子做成的指環，被瓦格內耳的歌劇採作了題材。

的那種性格上，也能相比肩。』

八　自然哲學（其四）有機界（結論）

『我們要考察……在對於我們的自然哲學這一節，賦與一切科學的前提上，需要什麼實證的知識。作我們的自然哲學之基礎的，第一就是數學上的一切根本的結論，其次，是力學，物理學，化學上的精確知識之主要原理，以及生理學，動物學並其他學問領域的一般自然科學的結論』。

杜林格君以那種自信而且斷定的態度，叙着杜林格君在數學上及自然科學上的博識。但是，我們看了他的貧弱的這一節，尤其看了這個貧弱的結論，並不覺得有什麼深厚的實證知識隱藏在牠的背後。總而言之，要實現杜林格君對於物理化學的神話，在物理學方面，只要知道表現熱力學上的等量之方程式就夠了，在化學方面，只要知道一切物質都是爲原子和原子結合而成的就夠了。加之，杜林格君在一三一頁上說過，『能夠把重力所作用的原子』論述出來，那只不過暴露他自己對於原子與分子的區別，完全是一個『瞎子』罷了。原子和人們知道的一樣，不是在重力或其他機械的乃至物理學的運動形態上存在，他只在化學的作用上存在而已。如果一讀他的關於有機界的章節，便在那種空虛而矛盾的重要點上，看出他的神話式的無意義的說明以及結論的完全渺茫，使得我們入手就要認爲杜林格君在這種區處是說的他自己毫無所知的事物。我們的這個見解，看了他在有機物的學說（生物學）上，提出與其說發展不如說構成的主張，更加確實。提出那種議案來的人，足見他對於有機體的形成，完全沒有知識。

一切有機體，除開最下級的動植物，都是從細胞成立的，即是從那種擴大到幾十倍後纔看得見的內部有核的極小的蛋白球成立的。這種細胞，通常外面長膜，同時，內容多少是流動的。最下級的細胞體，由單細胞所成。大多數的有機體，都由於許多細胞所構成，即是許多細胞的複合體。這許多的細胞，在下級有機體，還是同樣的東西，而在較高級的有機體，則漸次具着不同的形態、集合、活動。比如人體方面，骨、筋肉、神經、腱、韌帶、軟骨、皮膚，——約而言之，一切組織，都爲細胞所組成，不然，就是發生於細胞。然而從最單純的，大部分無膜而內部有核的一個蛋白質的球塊之變形蟲（Amöbe）到人類，從最小的單細胞之迭士米吉亞開（Desmidiacee——藻之一種）到最發展的植物，舉凡由細胞成立的有機體，其細胞增殖的樣式都是一樣，即都是從分裂來的。最初，核從當中束細而兩端膨大，其後把這核分爲兩個膨脹體的束細愈見酷烈，最後則中斷而兩端分離，遂形成兩個細胞核。和這同樣的過程，細胞本身也表現出來。這兩個核的雙方，都成爲細胞的物材之凝集的中心，這兩個凝集，因更趨酷烈的束細而彼此密接，最後則兩者分裂而各成獨立的細胞。一切完成的動物，都是由於那種反復着的細胞分裂，受胎後，從動物卵子的胚種徐徐發展起來的，同樣的情形，又在十分成長的動物身上，成功牠的消耗已盡的細胞之補充。把這種過程取名構成，稱發展一語爲『純粹的空想』，像這種人——在今日，簡直難於信其有——無疑地是對於那一過程毫無所知的人。這裏，單在文字的意義上說，也只是發展而決不是構成。

杜林格君通常把什麼當做生命在理解？關於這一點，我們以後或許稍稍還有觸到的機會。他對於生命特別是抱的這種觀念：『無機界，也是自己完成運動的一體系。然而我們要在配置物材的調合作用，依據能夠變成較小形體的胚種形態，通過固有機構和特殊管子而從內部某點開始的時候，才能就狹義而嚴密的意義上，講眞實的生命』。

這一段，就狹義而嚴密的意義說，縱然不問那不能着手的文法上的混亂，也是無意義的自己完成運動（不管那是什麽東西）的體系。若以爲生命是從固有的機構開始的時候出發的，那末，我們對於赫克爾的勃洛季士吞界不用說，就是對於其他許多的東西，也因承認這個機構而不能不當做死物看待牠們。若以爲生命是在這機構能爲較小的胚種形體所轉移的時候發生的，那末，一切有機物——至少到單細胞爲止，或包括單細胞在內——便都沒有生命了。若是特別的管子所生的配置物材的調合作用，是生命的表徵，那末，我們便不能不於上述的東西之外，把腔腸動物（Cölenterata）的上級全體——僅除開水母類（Medussn）——卽是把一切的水螅（Polypen）及其他的植蟲類（Pflanzenthiere），屏於生物界之外。又，如果以爲從某中心點通過特殊管子而起的物質循環，是生命之本質的表徵，那末，我們便不能不把毫無心臟，或是沒有多心臟的動物，當做死物去理解。要列（1）入死物之內的，除上述的東西之外，還有一切蠕體動物，海盤車，輪蟲類（哈克斯列所分類的環狀類及環節類），以及甲殼類的一部（蟹）並某種有脊椎動物卽水陸兩棲的闌沙脫（Lanzetthierchen）類（蛞蝓魚）。一切的植物，也要列入死物之內。

杜林格君爲要把眞實的生命，在狹義而嚴密的意義上表徵出來，像那樣舉了四個完全矛盾的生命的特徵。其中的一個，就是不但把植物界全體當做了死物，簡直把動物界的半分，都當做永久的死物了。他所賜給我們的『根本特殊的結論及見解』，眞沒有騙我們！

他在旁的區處又這樣說：『就是在自然界，從最低級到最高級的一切組織的根柢上，也有一個單純的類型存在』，這個類型，『在最不完全的植物之最下級的運動中，也能完全找出牠的一般的本質』。這也是『完全』無意義的主張。在一切有機界，能夠發見的最單純的類型，就是細胞，這確實在高級組織的基礎上也存在。反之

（1）哈克斯列（Huxlay1825-65）英國自然科學家，達爾文之友，而擁護進化論者。

，在最低級的有機物中，有許多比細胞還低等的東西，如洛塔美別(Protamöbe)，無何等分化的單純蛋白質物，其他一系列的藻列耳，以及喜老法耳根(Schlauchalgen)——藻之一種，屬有管類)皆是。此等一切，僅靠牠的主要成分是蛋白質，就是僅靠營蛋白質的機能——即生死，和高級的有機物相結合而已。

杜林格君又進而對我們說：『就生理學上說，感覺總是和一個神經裝置的存在相結合的，倒不管是什麼單純的東西。因此，一切動物界的特徵，就在於有感覺能力，即是能夠主觀的意識的把握自己的狀態。植物與動物之明顯的界限，就在於能夠完成走向感覺去的飛躍這一點上。這個界限，不能為一般所知的中間形體所抹殺，牠簡直還由於牠的外表不確定或不能確定的形體而成爲論理的要求』。他更進而說：『反之，植物是完全並永久沒有絲毫感覺的痕跡的，而且沒有感覺的能力』。

第一，黑智兒在其『自然哲學』三五一節的補註上說：『感覺是種的特異(Differentia specifica)，是動物的絕對特徵』。所以，我們對於前面杜林格君的說話，也是碰着了黑智兒的『生硬』。牠因爲杜林格君的附和，竟躍上了終極的絕對眞理之光榮地位。

第二，我們如今才聽說植物與動物之間的中間形體，外表上不確定或不能確定的形體（巧妙的奇談）。這種中間形體的存在，這種完全不能說明牠是植物抑是動物的有機體的存在，因而我們不能明顯地確定植物和動物的界限，——這種事實，使杜林格君認爲設定區別的標準，正是論理的要求。然而在這樣的措辭之下，他又承認那種區別不能爲力！但是，我們倒不須溯及植物與動物的疑問領域，只問一接觸間而葉捲或花閉之感覺的植物，或食蟲的植物，牠是毫無感覺的痕跡而且對於感覺沒有能力的麼？杜林格君自己若不是『非科學的半熟詩』，恐怕不會那樣主張。

第三，杜林格君說感覺在生理學上，總和某種非常微管簡簡單的——神經裝置的存在相結合，這也是他的隨意創造，是他的空想。不但一切的原始動物，就是植蟲類，至少牠的大多數沒有表露神經裝置的痕跡。那種神經裝置，要到了蠕形動物，才可發見牠是原則，因爲原始動物和植蟲類沒有神經，便主張牠沒有感覺，這實在要算杜林格君是嚆矢。感覺不一定和神經結合着，牠簡直是和某種蛋白質物，迄今還未詳細證實的一種蛋白質物相結合的。

還有把杜林格君的生物學的知識程度充分表現出來的，就是他大膽地對於達爾文所發的質問。他問：『動物是從植物發展起來的麼？』像他的這種質問，只有對於動植物絲毫不懂的人，才說得出口。

關於一般的生命，杜林格君只知道這樣說：『只有造形的合式的組織（這究竟是什麼？）所成功的新陳代謝，常是眞實的生活過程之特性』。

這是我們從杜林格君領教的關於生命的知識之全部。這時候，我們得了『造形的合式組織』之機會，徹頭徹尾地陷入最純粹的杜林格君的隱語之無意義的晦澀中了。所以，我們要想知道生命是什麼，我們自己就不得不詳細地考察這一問題。

有機的新陳代謝，是生命的最普遍而最顯著的現象，這是三十年來，生理學的化學者及化學的生理學者所屢次唱說的事情，這裏却爲杜林格君譯成他的優雅而明瞭的文句了。但是，把有機的新陳代謝作生命的定義，這就是把生命作生命的定義。爲什麼呢？有機的新陳代謝，或用造形的合式組織弄成的新陳代謝，就是表現了需要牠自身並生命所做的說明，需要有機物及無機物的區別，即生命及非生命的區別所做的說明。所以，我們靠這種說明，是一步都不能前進的。

新陳代謝的自身，沒有生命也行。在化學上，有充分供給原料而不絕地把牠自己的條件再生產出來，而且那時候，某一定的物體就與這一過程的充任者——這麼一系列的過程。比如燃燒硫黃而造出硫酸來，即是其例。這時候，若是把二酸化硫黃SO_2加以製造，而給與牠以水蒸氣與亞硝酸，則該二酸化硫黃更吸收水素與酸素而變成硫酸H_2SO_4。這時候，亞硝酸因吐出了酸素而還元為酸化窒素，這酸化窒素，又馬上從空中吸收酸素而變為窒素的更高的酸化物。然而這不過是把酸素登時給與二酸化硫黃，再演同樣的過程而已。所以，在理論上，要把二酸化硫黃物和無機的酸素及水素的無限量變成硫酸，只須極少量的亞硝酸就夠了。——那種新陳代謝，只要把死的有機的薄膜和無機的薄膜浸入液體之中，也會發生，正如葡萄(Traube)的人工細胞一樣。這裏，我們又明白了靠新陳代謝這件事，是一步都不能前進的。為什麼呢？因為可以說明生命的新陳代謝，牠自身又需要基於生命的說明。

因此，我們不能不向旁的地方去求。

生命就是蛋白物的存在方法，而這存在方法，本質上，是存於該物體的化學構成要素之不斷的更新上的。

這時候，所謂蛋白物，是可以在近代化學的意義上去理解的，在近代化學是於這名稱之下，總括一切類似於普通卵白的複合體（zusammengesetgten Rörper），以及另稱爲蛋白質物的東西的。其所以說這一名稱不正確，就是因爲普通的卵白，在類似於牠的物質中，最演着非生命的、受動的任務之故，即是因爲他和卵黃都只是發育中的胚種之營養物的原故。但是，對於這蛋白物的化學的構成，還不十分知道的當間，這一個名稱又比旁的名稱較爲優長，因之也就較爲適宜。

我們發見生命的時候，往往發見牠是和蛋白物相結合的。又，我們發見一個沒有解體的蛋白物的時候，必然地發見生活現象。要引起這種生活現象的特殊分化，無疑地需要生活物內的其他化學結合的現存。然而牠們對於赤裸裸的生命却不是必要物，因爲牠們只是被攝取爲營養物，轉變爲蛋白的範圍內的東西。我們所知道的最下級生物，實在只是單純的蛋白塊而已，然而牠已經表現着一切根本生活現象。

然則到處皆存在的生活現象，卽是一切生物身上都同樣存在的生活現象，究竟是基於什麼而來的呢？牠第一是基於這一點；蛋白物從自己的周圍攝取旁的適當物質，使之同化於自己，同時，又把這物體的陳舊部分，加以分解和排泄。其他沒有生命的物體，固然也隨事物的自然運行而變化，而分解，或結合，但是這種時候，牠却變成和從前不同的東西了。風化了的岩石，早已算不得岩石，酸化了的金屬，已經變而爲銹。沒有生命的物體之壞滅的原因，在蛋白質方面，却是生存的根本條件。從蛋白物內的構成部分之不斷的變化停止時起，卽是從攝取和排泄的那種不斷的新陳代謝停止時起，蛋白物自己也停止、分解、卽死亡。因此，生命卽蛋白物的生存方法，第一是在於這一點：無論那一瞬間，牠既是牠自己，同時又是旁的東西。這種情形，絕不像牠在沒有生命的物體上一樣，是一種由于外部逼迫而成的過程之結果。並且恰恰相反，生命，卽攝取和排泄所演成的新陳代謝，是獨自顯現的過程，而這一過程，就是該充任者卽蛋白的中間所固有的生來的東西，如果沒有這一過程，蛋白便不能存在。由這一事實又發生以下的結論：假定人爲的造得出蛋白來，那就縱然這蛋白是如何微弱的，牠總是表示生活現象的。至於化學究竟能否發見適應於這種蛋白的食物，當然是疑問。

從攝取及排泄所成就的蛋白之本質的機能——新陳代謝，並蛋白所特有的可塑性（Plasticität）中，抽出一切最單純的生命要素來，即是抽出敏感性（Reizbarkeit）（這是已經含在蛋白和其營養之間的交互作用中的）、收縮性（Kontraktibilität）（這是在最低的階段上，表現於食物的消化之際的）、生長的可能性（Wahsthumsmoglickkeit）（這包含最低階段的分裂所起的繁殖）、內部的運動（innere Bewegung）（若沒有牠，食物的消化和吸收都不可能）。

我們對於生命所下的定義，當然很不充分，這因爲牠不是包括一切生活現象的，可說牠只限於最普遍而最單純的生活現象。一切的定義，就科學的說，是沒有多大價值的。要眞實地絲毫不漏地完全知道生命是什麼，那就必須遍歷最低級到最高級的一切生命的現象形態。然而在日用上，那一種定義却是極便利而往往不可缺的西。如果人們不忘記定義所具的不可避的缺點，定義也無害處。

我們再回到杜林格君那方面去吧！杜林格君縱然在地上的生物學中遭了小小的失敗，他仍然可以自慰，因爲他還有星辰的天上可走。

他說：『那早已不是感覺器官的特殊機關，而是以快樂及苦痛的生產爲目的的全客觀世界。由於這種根據，我們可以假定快樂與苦痛的對立，實際在我們所周知的方法上，是普遍的對立，而在宇宙的種種世界上，根本上也無疑地爲同樣的感情所代表。……可是這普遍的一致，是有不少的意義的。爲什麼呢？因爲牠是認識感覺世界的關鍵。……所以在我們看來，主觀的宇宙和客觀的宇宙，同樣不奇異。兩世界的構成，應該根據統一的定型去觀察，同時，我們就得到意識說的發端，這種意識說所具的範圍，比簡單地球的範圍還大』。

那些懷中掛一把走進感覺世界去的鑰匙的人們，對於這個世上的自然科學也有幾個大誤謬，這是什麼一回事？再朝前進罷！

九　道德與法律（其一）永久的眞理

杜林格君作爲意識的要素上的根本科學以提供於讀者的，多至五十頁，其爲平庸和神話的混淆物、約而言之，無價值的贅述，這裏且不舉出種種的例證來。我們只把下面的一句引用一下：『只能靠言語去思惟的人，他不會知道抽象的而且眞實的思惟，是指什麽的』。照這樣看，動物算是最抽象的而且眞實的思惟者了，因爲動物的思惟，是不會因煩瑣的言語之夾入而混亂的。總而言之，我們從杜林格君的思想及其表現思想的語言中，看得出下面的情形來：爲何這個思想不適於任何語言，爲何德國語不適於這個思想。

最後到了第四節，就緒稍稍好一點。因爲他於那種空洞的廢話之外，至少到處都有讓我們能夠理解道德與法律的講話。他在那裏招手，叫我們從速往旁的世界去旅行。他說：道德的諸要素，『在活動的悟性，不能不從事於調整衝動的生活活動之一切人類外的存在方面，也同樣地……不能不存在……然而我們對於那種推斷，沒有多大關係。……加之，假使我們認爲旁的天體內，個人生活和共同生活，要從一個定式，——牠不能廢棄或避免那隨悟性而行動的人們之一般的根本狀態——出發，那就是很適宜地擴大我們眼界的觀念』。

這時候，杜林格君的眞理之適用於一切可能的其他世界這件事，其所以很例外地不放在該章的終結而放在該章的起首的，自有充分的理由。如果最初就確立了杜林格君的道德觀和正義觀適用於一切世界的這一點，那就容易把適宜性對各時代合式地擴大起來。這裏，也是把不出於終極的絕對眞理之眞理作問題的。據他說：道德的世界，『和一般的知識世界一樣，具有自己的永久原理和單純要素』；道德的原理，『超越着歷史，超越着今日民族姓的區別。……經由發展過程而構成較完全的道德意識及所謂良心的特殊眞理，只要認識了牠的終極的根柢，便能要求那和數學上的判斷及應用相同的妥適並妥適的範圍。眞正的眞理，通常是不變化的，……因此，大凡以爲認識的正確性，爲時間及現實的變化所左右的，總算是蠢貨』。所以，嚴密的知識之確實性和普遍的認識之充足性，不許我們在愼重考慮的狀態上，懷疑於知識的原理之絕對的妥適性。『不斷的疑惑，這件事的本身，已是衰弱的病態之表現，那不外於一面系統地意識着虛無，同時却又表現出那種追求極微小的表面確實性的蕪雜錯亂。在道德問題上，對於一般的原理之否定，那是拘泥於習俗及原則的地理歷史的多樣性。然而世人如果承認道德的邪惡之不可避免的必然性，那就是以爲普遍的道德的衝動之眞實的適用性，或事實上的有效性不在承認之內。這種深刻的懷疑論，牠不對抗各種誤謬學說，反而對抗能夠達到意識的道德性的人類能力，這種懷疑論，結局，定要陷入眞實的無，並且比單純的虛無主義更壞的某物之中。……這種懷疑論，牠自負其在業已解體的道德觀念的濁流中易於支配，能夠放縱不規則的願望。然而那是很大的錯誤。爲什麼呢？對於所謂自然法的錯誤，並不怎樣排斥正當結論的這件事，若是想依着惟一的類推去認識，只要指示誤謬和眞理上不可避免的悟性之命運就夠了』。

以上我們把杜林格君的終極的絕對眞理，思惟的至上權，認識的絕對確實性等等一切美麗的詞句，都如實地接受了？爲什麼呢？因爲問題是要在我們此刻所到達的地方，才能判定的。向來，只研究現實哲學的各種主張，在什麼範圍內，具有『至上的適用性』和『無條件的眞理權』，——這樣研究便夠了。現在我們碰着了下面的問題：人類的認識之產物，普通能夠具有至上的適用性和無條件的眞理權麼？如其是有的話，究竟什麼產物才有呢？我雖然說着人類的認識，却不是在侮辱其他天體——我沒有得到了解的光榮之天體——的居民這意義上說的，我只是從動物固然也認識，但決不是至上的這種理由說的。狗把自己的主人當做神，然而這時候，牠的注人却是極無用的東西。

人類的思惟是至上的麼？我們在答復這句話的對與不對之前，我們必須先研究人類的思惟是什麼。那是某個人的思惟麼？不是！然而那只有成爲無數的過去和現在及未來的人類個別的思惟而存在。假使我說我的觀念中所綜合之一切人——將來的人也包含在內——的思惟，只要人類永久的存續，只要認識不受認識的器官和認識的對象所限制，牠便是至上的能夠認識現存世界的，那末，我便是說着極俗氣而極無聊的事情了。爲什麼呢？因爲我們是站在人類歷史的最初發端之處的，能夠糾正我們的誤謬的下代，或許比我們能夠糾正其認識——往往極輕視地——前代，人數尤爲衆多，基於此，那種見地縱然最有價値的結果，也許要使我們對於現在的認識極不相信。

林格君自己也說：意識，也就是思惟和認識，必然地只有在個人的系列上表現出來。我們對於一切個人的思惟所能承認這至上性的，只在這種時候，即是我們不知道何種力量，能在健全而正規的狀態中，無理地向個人強給某一思想的時候。我們關於各個人的認識之至上適用性，已經知道以下的事實：至上適用性，不算是問題，徹之一切過去的經驗，認識所包含之不須改善的或正確的東西，每不及包含的需要改善的東西爲多。

換一句話，思惟的至上性，是在極其非至上的思惟着的人類系列中實現的，具有無條件的眞理權的認識，是在相對的誤謬系列中實現的。這兩者除了靠人類的無限存續以外，都不能完全實現。

這裏，我們又會着：上面所說的必然要當做絕對去觀察的人類思惟的特質，與這思惟完全存在於被限制地思惟着的個人中這事實之間的矛盾，卽是只有在無限的過程中才能解決的矛盾，只有在至少從我們看來，實際上是無限的人類之繼承中，才能解決的矛盾。在這一意義上，人類的思惟是至上的，同樣，又是非至上的，人類的認識能力，是無限制的，同樣，又是有限制的。若從資質、天分、力量、歷史的最終目的看來，是至上的，無限制的，但是，從各人的實行，各自的現實看來，又是非至上的，有限制的。

關於永久的眞理，也是一樣。如果人類單拿着永久的眞理，單拿着具有至上的適用和無條件的眞理權的思惟之結果，來達到處理的地點，那末，人類便達到了知識界的無限性在現實上可能上都實現的這種地點，同時，也就是達到了可以計算的無數這種有名的奇蹟能夠完成的地點。

但是，確定到這樣——有人懷疑牠，便是狂謬的造謠——的眞理，果然有麼？二的二倍是四，三角形的內角之和等於兩直角，巴黎在法國，人類得不着食物就餓死，如此等等就是的麼？就是說，永久的眞理，終極的絕對眞理，果是存在的麼？

確是那樣。我們可把認識的全領域，根據歷來大家都知道的方法，分為三大部分。第一種，以數學為對象，多少包含了可用數學去處理的一切科學，如數學，天文學，力學，物理學，化學。若是愛用誇大的言辭來說這極簡單的事物，那就可以說：這些科學的某種結論，是永久的眞理，終極的絕對眞理。所以這些科學，向來稱為精密的科學。然而一切的結論，決不至於如是。因可變量的移入，與遠到這變化的無限小及無限大的擴張　而極嚴密的數學墮落了。數學吃了智慧的萍果，牠對於數學開拓了無限的進化途徑，同時，卻也開拓了誤謬的途徑。一切數學上的結論之絕對適用性、不可爭的確定性——這種純潔狀態，永遠消滅了。論爭的世界已經開始，我們於是乎到達了這種地方：許多人們都不是因為瞭解他們所作之事而加以微分積分，乃是從向來產生正確結論的那種純粹信仰上而加以微分積分的。天文學和力學，尤其不行；在物理學和化學上，我們處於假定中的情形　正和處於蜂羣中一樣。除了如上所述的情形外，什麼都不是的。在物理學上，研究分子的運動，在化學上，研究分子從原子來的構成。如果光波的相交(Inierfereng——物理學上對于光波音波電波等等的用語）不是假設的話，那末，我們對于有這樣興趣的事物，是絕對沒有用肉眼去觀察的希望的。所以，終極的絕對眞理，確隨時代的變遷而顯著地減少。

在地質學上，更加不行，地質學的本質，主要的是研究一般人類所未經驗（不僅我們如是）的現象的。因此，在地質學上，要獲得終極的絕對眞理　是勞而無功的事情。

科學的第二種，就是把有生命的有機物之研究包括在內的科學。在這種領域內，交互關係和因果係關，是帶着各種各色的性質發展的，所以求得被解決了的問題但引起無數的各種新問題、而且各種問題、往往需要幾百年的繼續研究，才能解決。在這種地方，想把各種關聯從事系統的觀察，便要不絕地把終極的絕對眞理，用假定的茂密籬羅圍繞起來。要知單只證明哺乳動物的血液循環這種單純事實的正確，也經過了從卡年(1)到馬爾比基(2)的如何長期的中間階段，我們對于血球的成立，知道得如何之少；假如要把疾病的現象和病源爲合理地關聯，今日還如何缺乏許

(1)卡年(Galen130-201)，羅馬時代的醫學者，實驗醫學及實驗生物學的鼻祖。

(2)馬爾比基 Malpcyhi 1628-1694)　意大利的解剖學生理學者

中間多的連鎖，同時，和發見細胞之類的發見，屢次產生出來，使從來在生物學的領域被確定了的一切終極的絕對眞理，完全都修正，一舉而廓清了從來的學說。因此，在這一領域內，想確立純正不變的眞理的人、他必然滿足於這種粗俗的事實：如一切人類都不能不死，一切哺乳動物的女性都有乳腺之類。他連高等動物用胃腸消化的理由，都說不出來，因爲他不知道集中于頭腦的神經活動，不適于消化的原故。

至于科學的第三種，卽是對人類的生存條件，社會關係，法律及國家形態，以及觀念的上層建築之哲學，宗教，藝術等、研究其歷史的繼續和現在的歸結之學問，——在這門科學上，更難找着永久的眞理。在有機界，我們至少在我們的直接觀察成問題時，要研究那在極廣的範圍內很規則的反復着的現象系列。有機物的種類，從亞里士多德以來，大體上都是一樣。反之，在社會史上，我們一經脫離人類的原始時代——所謂石器時代，狀態的反復便是例外而不是原則了。卽令有實現那種反復的地方，那也絕不是正確地在同一事情下實現的。如一切文明民族方面的原始土地共有制度的出現，以及那種制度的解體之形態，卽是其例。所以，在人類史的領域內，我們的科學，比在生物學的領域內，還遲得多。縱然例外地理解了某種時代之社會的及政治的生活形態的內部關聯，那普通也是在這一形態已經大半陳舊而瀕于沒落的時候。因此，這種地方，知識，根本上是相對的。就是說，牠只限于對某時代某民族所存在的、而其性質上又是暫時的某種社會及國家形態的關聯下觀察並結論。所以，那種追求終極的絕對眞理，追求眞正的一成不變的眞理的人，除了一種最淺薄的平常事實和常識——如人類普通不勞動便不能生活，人類向來多分爲治者和被治者，拿破崙死于一八二一年五月五日之類——以外，不能獲得什麽。

但是，在這種領域內，我們實在時常遇着所謂永久的眞理，終極的絕對眞理，這是應該注意的事情。二的二倍爲四，鳥有嘴，把這類的事件當作永久的眞理的人，只不過想從一般的永久的眞理之存在，推論出人類史的領域內，也有永久的眞理，也有永久的道德，也有永久的正義，其適用性與適用範圍，恰如數學的知識和應用一樣。然而我們確能預言着這種同樣的慈善家，有機會的時候，定會對我們說明以下的事實：一切過去的永久的眞理之製造者，多少都是糊塗虫，吹牛屁的大王，完全都陷在錯誤中，都不正確，他們的錯誤和不正確，乃是自然法則的事實，也就是證明眞理及正確原來存在於他自己身上的事實，今日出現的預言者的他，正挑着一大担終極的絕對眞理，永久的道德，永久的正義。那種事實，已有幾百遍幾千遍的表現，所以，世間竟有不是就旁人而是就自己去信仰那種事實的輕浮人，這眞是奇怪事情。偏偏我們如今至少遇着了那種豫言者的一位，他在世人否定誰能提供終極的絕對眞理之時，照例表示極大的義憤。他以爲那種否定，那怕不是否定而只懷疑，也是衰弱的病態，蕪雜的混亂，虛無，比單純的虛無主義還壞的深刻的懷疑論，極大的昏迷，此外，還値得許多同樣的好評。他和一切預言者一樣，不從事批判的＝科學的研究和判斷，直爲道德的宣告。

我們于前述的學問之外，還能舉出研究人類的思惟法則的科學，即是論理學和辯證法。這類的學問，對于永久的眞理，也生不出什麼較好的結果來。杜林格君說純正的辯證法，就是純粹的矛盾，然至今已經寫成將來還要寫的關于論理學的著述，十分證明終極的絕對眞理，比許多人們所信仰的少得遠。

此外，我們現今所處的認識階段，和一切以前的階段一樣，不是終極的東西，這絕不是可驚的事情。這個認識階段，已經包括知識上的無數材料，對于希望通曉某種專門學問的人，要求非常特殊的研究。然而如果有人把眞正的不變的絕對眞理之標準，求之於這一認識，即：在事物的性質上，經過幾世代的長期還是相對的，而只能徐徐完成的認識；或求之於另一認識，即：有如宇宙創成論，地質學，人類史這類的學問上，因爲歷史的材料不充足而常常有缺陷的認識，像這種地方，即令不是個人的非錯誤之要求作背景，卻也因此表示了自己的無知和矛盾。眞理和誤謬，與一切從事着兩極的對抗之思惟規定同樣，只對於極端被限定的範圍，才有絕對的適用性。這是我們已經知道的一點，就是杜林格君，只要他知道那研究一切兩極的對抗之不充分性的辯證法之初步，也是知道的。我們一把眞理和誤謬的對抗，適用於上述的那種狹窄範圍之外，那種對抗就要變成相對的，同時就不能供正確的科學表現方法之用。然而雖在上述的範圍之外，我們仍要把牠作爲絕對的東西來適用，那就一定歸於失敗。於是對抗的兩極變成反對物了，結果，眞理一變而爲誤謬，誤謬一變而爲眞理。我們試取波以耳(1)法則爲例來看看。依照這個法則，在同一溫度之下，氣體的容積，和加於氣體上的壓力爲反比例。而列格那爾脫(2)却發見這一法則，在某種時候不適用。假使他是個現實哲學者，他定會這麼說：波以爾法則是變化的，便不是純正的眞理，結局便不算眞理，便是誤謬。這麼一來，恐怕他犯的誤謬，比波以耳法則所含的誤謬還大，恐怕他的眞理的小粒，要覆沒於誤謬的砂丘之中了。就是說，他把本來正確的結果一加工，就反而變成了誤謬，波以耳法則和這一誤謬相比，縱然說牠上面粘着了小小的誤謬，或許還可當做眞理看。可是科學家的列格那爾脫，並不做那種形同兒戲的事情。他反把波以耳法則爲進一步的研究，發見牠通常只有近似的正確性，尤其不適用於因壓力而變成流動的液體之氣體，同時，壓力接近液化點點時候，就不適用了。因此，波以耳法則，只在一定範圍內是正確的。然則這法則在這種範圍內，果然是絕對的麼？是終極的眞理麼？恐怕無論什麼物理學者、都不至於那樣主張。他或許這麼說：那只在一定的壓力和氣

(1)波以耳(Boyle 1626-1692) 英國化學者。近世自然科學中的化學之開山祖。

(2)列格那爾脫(Regnault)

溫的範圍內、而且對於一定的氣體，才有適用性。就是在這種狹隘的限界內，恐怕他也不否定將來的研究，有更加限於狹隘、或發生旁的觀察方法的可能性（註）。比如在物理學上，終極的絕對眞理，就是那種東西。因此，眞正的科學工作，要避免的事情，就是把所謂誤謬與眞理那樣獨斷的道德之表現拿來當原則。但是，像那種把空虛的模糊的話語，拿來作絕對的思惟之絕對的結果，想強迫我們去接受的現實哲學的著述中，却充滿了獨斷的表現。

（註）我寫了上述的情形之後，認爲那是已經確實證明了的東西。依據新由孟特內夫(Mendelejeff)和波格斯基(Bogusky)用比較正確的設置所成功的研究，則一切純正的氣體，是指示壓力與容積之間的可變關係的。在水素，則膨脹率 (Ausdehungskoe-fficient) 在一切從來加上了的壓力上面爲正量（容積隨壓力之增加而逐漸減少），在空氣及曾經被試驗的氣體上，壓力的零點對此對彼都存在，所以壓力愈減少，膨脹率就愈增加，壓力愈增加膨脹率就愈減少。因此，從來在實際上應用的波以耳法則，有爲許多特殊法則

所補正之必要。(我們現在——一八八五年——還知道一般『純正』的氣體不存在的事實。此等一切，都可還元爲流動的液體)。

然而素樸的讀者，也許要問：杜林格君究竟在何處明說過他的現實哲學的內容，是絕對的眞理，終極的眞理呢？原來是問他在何處說過麼？這只看我們就第二章中部分的引用出來的他對於他自己的體系之讚歌（一三頁）；或是看他在上面引用的章節中，所說的：道德的眞理，只要理解了牠的終極的根本性，便要求和數學的知識一樣的適用性，就知道了。然則杜林格君不是主張：從他的眞正的批判立場，經由達到根本的研究，而到達了這終極的根本，根本的圖型麼？換一句話，不是主張：對於道德的眞理，賦與終極的適用性麼？假使杜林格君認爲那種要求，既不是對於自己本身，也不是對於自己的時代的，假使他單是說在攸久的將來，有時可以確立絕對的眞理，又假使他單是想把『深刻的懷疑論』和『蕪雜的混亂』這類的事件，加以無秩序地敍述，——那末，他爲何這樣的咆哮呢？這於杜林格君究竟有什麼用處？

我們如果關於眞理及誤謬，沒有成功什麽進步，那末，關於善和惡，更是如此。這種對抗，完全只表現於道德的領域，卽是屬於人類史的領域，然而惟其在這領域，終極的絕對眞理，正是最稀薄的東西。因民族的不同，因時代的不同，善惡的觀念便有劇烈的變化，往往相互立於正反對的地位。然而或許有人這樣的抗辯：善決不是惡，惡決不是善，如果把善惡混同起來，那就一切的道德都沒有了，各人都能隨意從事，也都不能隨意從事。這如果除去了一切的飾辭，就是杜林格君的見解。但是，問題不能那樣簡單的解決。假使那樣簡單，則關於善惡二字，或許沒有什麽爭論，而各人都知道何者爲善何者爲惡了。然則現在怎樣？現在對我們說的是什麽道德？第一是從古時信仰時代傳下來的基督教的＝封建的道德。牠的根本上，又分爲舊教和新教。更從挨士伊托的(Jesuitisch)舊派道德和正統的新派道德到所謂開放的道德，成就了細分的派別。和這道德並行的，有近代資本家道德，和資本家道德相對抗的，更有普羅列塔利亞的未來道德。因此，在歐洲最進步的各國，產出了過去、現在、未來的三羣同時並行的道德說。然則這三羣道德中，誰是眞實的道德？在絕對適用性的意義上，誰也不是眞實的道德。不過就現在說，其中要算代表現代之變革，即代表將來的道德，換言之，普羅列塔利亞的道德，有着最多的長續的要素。

我們如果知道近代社會的三階級——封建貴族、資本家、無產者，各自有其特殊道德，那我們就只可從這一事實中，抽出以下的結論：不管是人類意識的也好，無意識的也好，都是從造成自己的階級狀態之基礎的實際關係，從他們生產交換於其中的經濟關係，創造自己的道德觀的。

然而上述的三種道德說中，有許多是三者所共通的，難道這至少不算永久不變的道德之一端麼？但是，這種道德說，是代表同一歷史的發展上三個不同的階段的，也就是有着共通的歷史背景的，因而必然地有着許多共通點。不但如是。在同一或近於同一的經濟發展階段上，道德說必然多少是一致的。從動產的私有發展之後，在這私有演現着的社會，必然以『切勿竊盜』爲共通的道德律。然則這種道德律，便能因此成爲永久的道德律麼？決不如是！在斬除了盜竊之動機的社會，在至多不過精神病者犯盜竊行爲的社會，如果還有嚴正地宣布所謂「切勿盜竊」這種永久眞理的道德說教者，該是何等好笑的事情！

因此，如果以爲道德界的永久眞理，超越着歷史和民族的差別，企圖這樣藉口來把某種道德的獨斷說，作爲永久的，終極的，嗣後不變的道德律，強迫我們去信從，我們是拒絕的。反之，我們是這樣的主張：一切從來的道德說，結局，都是當時社會的經濟狀態之產物。社會向來是階級對抗，一樣，道德也常是階級道德。牠或是承認支配階級的支配，或是當被支配階級有力的時候，代表着對支配者的反抗並被支配者的將來之利益。這時候，就全體看來，在道德方面，也和人類知識的其他一切部門一樣，無疑地發生了一個進步。但是，我們却還沒有脫離階級道德。超越階級對抗及消滅階級對抗之回憶的眞實的人類道德，不僅要在克服階級對抗之後，並且要在生活的實際上，不再記憶階級對抗的社會階段，才有可能。那末，人們現在或許理解杜林格君自負的程度了，他是從舊階級社會的當中，在社會革命的前夜，對將來無階級的社會，強迫其承認超越着時代和現實變化的永久道德的！這樣，只好假定他是已經理解了——我們迄今還不知道的——將來的社會構造，至少是理解了牠的根本特質的。

最後，他還有一個『根本獨特的』，因此也就是一種『達到根本』的暴露。即是，他關於惡的起原，說：『在我們看來，有以下的事實存在：生來就有狡猾性的貓的定型（Typus），牠表現着一個動物的定型，而同樣的性質，在人類中間也一樣地存在。……因此，惡決不是神祕的東西，只要不從貓的存在，或從一般猛獸的存在去探求神祕』。惡——是貓。換言之，這個惡魔，牠不需要角和蹄子而需要爪和綠眼。所以，哥德（1）不把惡魔作爲黑貓而作爲黑犬向人介紹的時候，鬧出很大錯誤的笑話。惡是貓！這不但對於一切世界是道德，就對於貓也是道德！

十　道德與法律（其二）平等

我們已經屢次求過杜林格君的方法。牠的方法就在這一點：把一切種類的認識對象，分析爲外觀上最單純的要素，對於這個要素，適用同一單純的、外觀上很明

（1）哥德（Coetne 1746—,1832），德國詩人。這裏所說的就是他的名著浮士德（Faust）中的故事。

顯的公理，於是把那樣得來的結論，更加以解剖(Operiren)。在社會生活領域內的問題，也『恰和處理數學上單純的……根本形態一樣，可用各個單純的形態，作公理的決定』。所以，數學的方法之對於歷史、道德及法律的適用，牠又對於獲得的結果之真理，給以數學的確實性，替牠嵌上一個特質成為純正不變的真理。

這只是往日流行之觀念的、或叫做先驗的方法之運用，牠不是想從對象的自身去認識對象之特質，而是想演繹地從對象的概念中抽出對象之特質來的。最初，人們從對象造出對象的概念，繼則一變而在對象的描像即概念上去測定對象。於是概念不為對象所規定，對象反為概念所規定。在杜林格君，他所能到達的最簡單的要素，終極的抽象，是用於實質上不發生何等變化的概念上的，而那種簡單的要素，至多也只是純概念的性質。因此，這裏也明白了現實哲學，原是純粹的空論，牠是把現實從觀念抽出，不是把現實從現實的自身抽出來的。

然則那樣的空想家(Ideolog)，既以為道德和法律，不是從環繞牠四周的人類之現實的社會關係所構成，而是從概念或所謂最單純的『社會』要素構成的，試問什麼材料是爲那種構成而存在的呢？這明明白白有兩種：第一，是那種根本抽象中，還能存在的具體內容的小小殘滓；第二，是我們的空想家從自己的意識抽出來的內容。然則他在自己的意識中，發見了什麼呢？那主要的，是發見了一種道德觀和政治觀，而這種道德觀和政治觀，就是多少和他自己生活於其下的社會關係及政治關係相適應——積極的或消極的，承認的或反對的——的表現。此外，恐怕就是從與這問題有關的文籍中得來的觀念，再就恐怕是他個人的妄想了。我們的空想家，還是就他自己所想的去幹得試試的好。他驅逐出來了的歷史的現實，又從窗內扒進去了。他自以爲一切世界和時代都適用的道義及法律學說，是能夠成立的東西，其實那種道義及法律學說，因爲離開了現實基礎的原故，完全溺了。他所描寫的，恰是映在凹面鏡中一樣倒立着的當時保守的或革命的思潮之影。

於是杜林格君，把社會析爲最單純的要素，由這一分析便發見了最單純的社會，至少是從兩個人的人類(zwei Menschen)成立的。這兩個人的人類，又被他作公理的處置。因此，產生了道德上的根本公理，他說：『兩個人的人類之意思，原是彼此完全平等的，所以一方對他方，初不能積極地要求什麼』。因此，『表徵了道德的正義之根本形式』，而法律的正義之根本形式，也是一樣。這就是因為『我們在發展那原則的法律概念上，只須兩個人的人類之完全單純而基礎的關係』之故。

然而兩個人的人類或兩個人的人類之意思，原是完全平等的這件事，不僅不是公理，而且只是極大的誇張。說到兩個人的人類，第一性的方面，原來就會不平等，並且這種單純的事實，還使我們登時這樣的思量：社會的最單純的要素——如果暫以那種兒戲事情作問題——並不是兩個男子，乃是創造一個家庭（即因生產的關係而形成的最單純而最初的團結形態）的一男一女。然而這在杜林格君看來，決不合胃口。為什麼呢？因為一方面，必須把兩個創造者，盡可能地造成平等，而另一方面，就是杜林格君，也恐怕難以從原始家庭去構成男女的道德上及法律上的平等。因此，不能不採以下的事實之一。若不是杜林格君的社會分子——因其繁殖(Vervielfachung——加倍之意)而成為全社會——這東西，最初就註定了滅亡的命

十　道德與法律（其二）平等

運（因爲兩個男子，決不能產生子女）；我們就要把這兩個男子，當做兩個家長看。如果是後者的情形，則單純的根本形式之自身，就和杜林格君的主張成了正反對。爲什麼呢？因爲那不是人類的平等，至多不過證明了家長的平等，而且就婦女沒有被列入問題的一層說，更證明了婦女的從屬地位。

這裏，我們對讀者不能不作一種使讀者不愉快的報告：往後將有很長的期間，不能脫離這兩個有名的人類。他們在社會關係的領域所盡的任務，和從來住在別種世界的居民——我們情願從此和他絕緣的——所盡的任務一樣。如果關於經濟、政治等等有要解決的問題，這兩個人馬上出來作『公理的』解決。無論如何，這總算我們的現實哲學者之偉大的、創造的、構成體系的發見，只可惜說起眞實的事實來，他並不是這兩個人的發見者。那是十八世紀全體所共通的東西。牠們已在一七五四年的盧梭的不平等論中出現過，在盧梭的不平論中，證明了這兩個人簡直和杜林格君的主張是正反對。他們又在亞丹斯密到李嘉圖的經濟學中，盡過主要的任務，然而他們在那種地方，至少在各自從事着不同的職業——許多場所是獵人和漁夫——

——互相交換其生產物的一點上，是不平等的。其實他們這兩個人，在整個十八世紀，主要的都作了單純的說明例證之用，而杜林格君的獨創，只是把這種引證的方法，提高爲一切社會科學的根本方法，一切歷史構成的標準而已。誰也不能比這還容易造成『關於事物及人類的嚴密科學的觀念』。

兩個人的人類和兩個人的人類之意思完全平等，誰也不能命令誰，要造出這樣根本的公理，我們決不能用隨便的兩個人。這兩個人，必須是完全從一切現實、從地球上所產生的一切國民的、經濟的、政治的宗教的諸關係，從一切性的差別並個人的特性解放出來，其結果，他們任誰都除了單純的人類這概念以外，算不得什麼東西的兩個人，這樣的兩個人，才眞是『完全平等』的。換言之，他們完全是兩個『幽靈』，是到處喚到『心靈主義的』傾向就告發的杜林格君所喚出來的東西。這兩個幽靈，不消說，必須遵照那個要魔法的一切要求行事，所以，他們的一切藝術品，與旁的世界完全無關係。

我們現在把杜林格君的公理論，稍稍追探一下。儘管這兩個人的意思，彼此都不能積極地相要求，然而如果一方這樣做——以武力貫澈自己的要求，那就得發生某種不正的狀態。杜格林君便依據這種根本形式，說明了不正，強制，隸從，略言之，說明了從來一切 厭的歷史。其實，盧梭在上面引述的他的著述中，已借這兩個人，把正反對的事實，作過同一的公理的證明。卽是，兩人中的A，倒不是用暴力使B服從他，乃是因爲B無A就不能生存的事實而使B服從的。可是據杜林格君說，這個觀察方法，未免過於唯物了。那末，我們把同一的事實，稍稍改變一下看看。假定兩個遇難的人，漂流在一個無人的孤島上，他倆在這孤島上造一個社會。他倆的意思，形式上是完全平等的，而且這一事實，是兩人所同認的。然而實質上，却大大的不平等。A果斷而有精力，B優柔而懶惰而虛弱；A聰明，B愚蠢。假定起初A對於B，用說服的方法使他服從自己的意思，其後遂習慣地，並往往在自己情愿的形式之下，從事於定規的強制，試問做到這種境地，究竟需要多少時日？不管自已情愿的形式是被保持，或被蹂躪，隸從還是隸從。因自已情愿而起的隸屬，牠表現於整個的中世紀，在德國，則演現到三十年戰爭以後。普魯士於一八〇六年及一八〇七年的戰敗之後，廢止莊園奴隸制，同時，領主對臣民的窮困，病疾，老衰的救濟義務，也廢止了，這時候，農民向領主請願照舊當奴隸，他們說，如果不然，一旦陷於困苦之際，誰來照拂我們呢？所以，兩個男子的關聯，既能『適用』於平等與相互扶助，一樣，也能『適用』於不平等和隸從。我們既然認為怕他們有死滅之虞而不能不假定他們是家長，那就可以從中窺見他們的世襲隸從制。

關於這件事，我們暫且置之不論。我們假定杜林格君的公理論，把我們說服了，假定我們承認了兩個意思的完全平等權，『一般人類的至上權』，『個人的至上權』。這眞算得豪語，和這相比較，史齊魯的有財產的『惟一者』，只是一個蠢貨，固然史齊魯的『惟一者』，對於這種語言，也可要求相當的一分兒(1)。這樣，我們大家現在便完全平等了，獨立了。大家麽？不是！仍然不是大家。這裏還有『可以容許的隸屬』存在。然而說明這一點，却要根據這個理由：『不是由兩個意思的活動中求得出的，要在第三領域(例如就小孩子說，他自己的判定不充分)中才求得出來』。

不錯，從這的根據，不是在兩個意思的活動中求得出的！當然求不出，因為一

(1)本書法譯者拉斯基註云：世人每每說史齊魯(Stirner)的名著『惟一者與其財產』(Der Einzige und sein Eigentum)，給了杜林格的大影響，恩格斯在這裏插入這一段，或許也是這個緣故。

方的意思活動，恰恰要受防害的原故！那末，在第三領域中是可以求得出的。然則第三領域是什麼？那是被當做不充分的意思而抑壓的意思之具體的規定！我們的現實哲學者，對於意思這一抽象的無內容的用語，已經把牠的真實內容，特質規定，當做第三領域而遠遠地離開現實了。然而無論如何，我們不能不注意這平等籠有例外的情形。牠不適用於那種不能充分自己制定的意思。這是第一步的退卻。

不僅如此。『在動物和人類，混合於一個人格中的時候，我們在第二的，完全人類的人格這名稱之下，可以這樣的質問：牠的行爲方法，能否同所謂「只有人類的人格」，是互相對立着」的時候一樣？……因此，我們推想到那裏有兩個在道德上不平等的人（其中一人在某種意義上具有真正的動物性）這還乃是由於那種不平等而在人羣的內部，以及人羣的相互間……對於一切能夠發生的關係之最典型的根本形態』。現在讀者對於隨這種混亂的解說而來之悲吟的議論，當能理解了。在這種議論中，杜林格君爲了用决疑的態度，確定人類的人類，能夠侵害動物的人類到什麼地步；人類對人類，能夠對於動物的人類，在不毀損那不變的道德上，使用不信，戰略，以及尖銳的恐嚇的欺騙手段到什麼地步，竟和耶蘇教的僧侶一樣旋舞着。

所以，兩個人在『道德上不平等』的時候，平等就消滅。同時，也就無須乎作一種値不得努力的事情，卽是把兩個完全平等的人叫出來。這因爲不會有兩個在道德上完全平等的人類之故。——反之，不平等存在於這一點上，卽一方是人類的人格，他方的自身中却具有幾分動物性。但是，人類原是從動物界派生的，所以人類決沒有脫離動物性。因此，問題只是人類性上的動物性的程度之差異而已，多少的不同而已。把人類判然劃成兩羣，分出人類的人類和動物的人類，善和惡，羊和山羊的類別，這除了現實哲學之外，只有基督教才知道。基督教，連徹底完成這種區別的世界審判官都有。然則在現實哲學上，誰能做審判官呢？那不能不和基督教的實際一樣。在基督教方面，信仰很深的羊子，是對於鄙陋的隣人卽山羊，執着世界審判官的任務，並且表演出世人所熟知的結果來的。現實哲學者的宗派，假定能夠發生的話，恐怕牠關于這一點，也絲毫無補於世界的平安。然而那於我們無甚關係，我們認爲有興趣的，乃是下述的聲明，據這一聲明，則人類在道德上是不平等的

十　道德與法律（其二）平等

，所以平等早不存在。這是第二步的退却。

他又說：『假定一方依據眞理和科學而行動，他方依據某種迷信或偏見而行動……普通必然要起衝突……在某種程度的無能，粗鄙，或惡癖中，必然常常起衝突……不單對于小孩子或瘋子，暴力是最後的手段。人類的整個自然集團及文化階段的特質，把悖謬違理所釀成的敵對意欲壓服下去，這在把牠移作共同生活的結合力之意義上，簡直是不可避免的必要的事情。在這種地方，對方的意思，也被當做平等的權利者來尊重。然而他的悖謬不合理的行爲，確是要求同等報酬的。他縱然遭受了暴力，他也只是受了自己的不正行爲的反作用』。

所以，不但道德的不平等，就是精神的不平等，也足夠排除兩個意思的『完全平等』而實現一個道德。依據這個道德，則文明的掠奪國家對於未開化民族的一切不正行爲，都是合理的，甚至俄國人對於土耳其斯坦的虐待，也是合理的。考弗滿(1)將軍在一八七三年的夏天，襲擊約姆登的韃靼種族，燒燬他們的天幕，把他們的婦女和小孩子，照命令行事——『完全高加索式』地殺戮時，他也曾這樣的宣布

(1)考弗滿 kaufmann 1818—1882，俄國將軍，對中亞細亞的侵略主義實行者，替俄國擴張了很多的領土。

過：壓服約姆登人的悖謬違理的意欲，在使那種意欲作共同生活的結合力這意義上，是不可避免的必要的事情，他並且說他所用的手段，是最合目的的手段，這因爲求目的者須先求手段的原故。不過他沒有殘忍到這樣：嘲笑着約姆登人，說他爲了報酬而殺戮他們。正是把他們的意思，當做有平等權利的東西在尊重。所以，在這種鬥爭上，對於什麼是迷信，什麼是偏見，什麼是粗鄙，什麼是惡癖，什麼時候暴力和壓服是均等上的必需這等等下決定的，也是神所選擇的人，是自稱依據眞理及科學而行動的人。結局，卽是現實哲學者。因此，平等就是暴力所造的報酬，第二的意思，由第一的意思用壓服手段承認他是平等權利者。這是第三步的退却。於是抱頭鼠竄而去。

再說一句，對方的意思，只有在暴力所造的報酬上被承認爲平等權利者，這句話，只是黑智兒說的塗改。就是說，照黑智兒的學說，刑罰是犯罪者的權利，『在刑罰被看做含有犯罪者自身之權利的這點上，犯罪者被尊視爲有理性的人』（黑智兒法律哲學，一〇〇節註）。

十、道德與法律（其二）平等

就這樣完事的好吧！我們已不須超乎此去追杜林格君，看他用公理造成的平等，一般人類的至上權等等，一件一件地破壞。還有一層，他一方面雖然用兩個人造成社會，而爲着國家的出現，還有另外找一個人的必要，因爲——簡單地說——沒有第三者，便不能行多數決．不行多數決，卽是沒有多數對於少數的支配，國家便不能成立。然而我們對於這件事，倒不必論述了。至於他爲了構成他的所謂共同社會之未來國家——我們該有天氣清朗的一天，到那種未來國去探訪他的福氣吧！——漫漫去找風平浪靜的航路，這件事我們也無論述之必要。我們已經十分看透了下面的事實：兩個意思的完全平等，只在兩個意思彼此都不相求的時候才存在，牠們一旦不是人類意思的本身，換言之，一旦變而爲現實的個人意思，變而爲兩個現實的人類意思，則平等歸於消滅；又，一方面爲幼稚，瘋狂、所謂動物性 所謂迷信、頑固的偏見、揣測的無能力，他方爲理想上的人類性。對眞理及科學的洞察，——卽是雙方意思性質之差別以及隨那種差別來的知識性質之差別，把不平等合理化了，而那種不平等，遂能升格至於屈伏。杜林格君把自己的平等建築，像那樣從根本上毀壞之後，我們還想追求什麽？

我們雖然認爲杜林格君的粗淺而拙劣的平等觀念之解釋方法，業被打毀無餘，然而決不是說連平等觀念都被打毀了，平等觀念曾因盧梭而盡過一個理論的任務，在法國大革命中和革命以後，盡過實際的政治的任務，現今在一切國家的社會主義運動上，還幹着可驚的煽動的任務。這種學問的內容之確立，或許就是決定牠對於普羅列塔利亞的煽動價値。

一切人類，都有成爲人類的某種共通物，在那種共通的範圍內，還是平等，像這種觀念，當然是極舊的東西。近代的平等要求，和這完全不同。近代平等觀念的特質，就是想從那種人類的共通性，從人類之爲人類的平等性，抽出億萬人或至少一國家的全體市民，或一社會的全體成員之政治上乃至社會上的平等權。從那種相對的平等之原始觀念，到抽出國家及社會的平等權的結論，而且達到認定這結論乃是自然的自明的東西時，必須經過幾千年之久，且已經過幾千年了。在最古代自然發生的共同體內，至多不過共同體的成員之間，有平等權存在，婦女，奴隸，外

十　道德與法律(其二)平等

來人，當然不在此例。在希臘人和羅馬人，人類的不平等方面，比任何平等都通行。若在古代人的面前，說希臘人和野蠻人，自由人和奴隸，國家市民和歸化的外人，羅馬市民和羅馬臣民(用包括的話說)，有要求政治上平等的權利，牠定以爲是他妄的謠傳。在羅馬帝政時代，除了自由人和奴隸的區別外，其餘的一切區別都漸漸消滅了。這麼一來，至少自由人之間，發生了私人的平等，而建立在這私人平等的基礎上的羅馬法，——即是我們所熟知的立脚於私有財產制度上的最完全的法律，——於是發達了。然而只要自由人和奴隸的對抗還存在，便不會得到**一般人類的**平等性產生出法律來的結論。我們對於這一事實，最近在北美的奴隸州還看得出來。

基督教只知道萬人的**惟一的**平等，這種平等，是與基督教的性質之適於爲奴隸及被壓迫者的宗教相同的原罪的平等。此外，牠只知道神所選擇的人們的平等，而這種平等，也只在最初的時期被提倡過。同時，在這種新宗教的初期表現過的財產共同的痕跡，其歸於眞實平等觀念的，遠不及歸於被迫害者的團結之多。不久，僧侶和俗人的區別之確立，對于這基督教的平等之殘餘，也給了牠一個掃除。——日耳曼人向西歐的侵入，漫漫建設了從來不曾有過的複雜之社會的和政治的階級秩序，因此，經過數世紀後，排除了一切的平等觀念。然而，同時牠却把西南及中部歐洲引入於歷史的運動，創造了鞏固的文化領域，在這一領域內，才創造了互相影響、互相阻害的重要的民族國家之體系。因此，便造成了後來把人類的平等權和人權當作問題的基礎。

加之，封建的中世，牠自身的內部，更發展起來而使一個階級發育，這階級，就是擔負着要求近代的平等這一使命的資產階級。最初自己爲封建的一身分之資產階級，當十五世紀末期，海路上的偉大發見，給牠打開了新的更寬的交通道路之時，已在封建社會的內部，把主要的手工業的產業和生產物的交換，發達到比較的高度了。從來只在意大利與東方諸國之間盛行的歐洲對外的商業，現在擴充到了美洲和印度，而其重要性，倏忽間已凌駕於歐洲各國間的交換及各國的國內貿易之上了。美洲的金銀溢出於歐洲，正和分解的要素一樣，鑽入了封建社會的一切空隙、裂縫、毛眼之中。手工業的企業，已經不能充分滿足日益增大的需要，而進步諸國的主要產業方面，遂爲工場手工業所替代。

但是，社會經濟的生活條件如是的變動，而適應牠的政治的秩序之變化，並沒有馬上接踵而起。社會雖然日益成爲布爾喬亞的，而國家則依然是封建的。大規模的商業——國際的商業及世界的商業，必須有自由而活動不受拘束的商品所有者；此等商品所有者，他自身是平等的權利者，至少在一定的地域，他們對於一切都站在平等權利的基礎上行交換。從手工業到工場手工業的轉移，以多數自由勞動者的存在爲前提，這種自由，一方是脫離基爾特的束縛之自由；他方是脫離自己所藉以利用自己的勞動力的生產手段之自由，他們爲了把自己的勞動租借出去，能夠和工場主訂立契約，卽是以契約者的資格，和工場主對立於同等權利的地位。最後，一切人類勞動的平等性和平等的適用性——因爲牠是一般的人類勞動，並且在這一限界內——雖是無意識的，卻很有力地表現於近代布爾喬亞經濟學的價值法則之中，依照這種價值法則，一切商品的價值，是被牠中間所含的社會的必要勞動所測定的

（註）。然而在經濟的關係要求自由和平等權時，政治的秩序，每每使基爾特的束縛和特權與之對立而妨害牠。地方的特權，保護稅、各種例外法規，不但商業上妨害外國人和植民地人，並妨害了屬於一切範疇的本國公民，基爾特的特權所及之處，往往妨害工場手工業的發展。無論何處，路徑都不是自由的　對於布爾喬亞的競爭者，不曾有過平等的機會，——而開闢這種自由和機會平等的道路，實爲重要而且日益迫切的要求。

（註）從布爾喬亞社會的經濟條件來說明近代的平等觀念，經馬克思在資本論中開始敘述出來。

要求解除封建的鐵鍊，與要求廢棄封建的不平等以建立平等權利，這件事，因社會經濟的進步而一旦成爲日常問題時，馬上就要更加擴大起來。這種要求，一經發生於工商業的利益關係之上，則多數的農民，也非要求同一的平等權不可。這是因爲此等農民，從純粹的農奴起首在一切隸屬階段上，把勞動時間的大部分，無報酬地提供於封建領主外，還要納很多的稅於領主和國家的原故。另一方面，對於封

十　道德與法律（其二）平等　　一六六

建的特權、貴族的免稅，一切身分上的政治特權，也得要求廢止。人類已不是處於往日羅馬帝國般的世界帝國之中，乃是在各自獨立而互以同等地位相交通，大略近似於布爾喬亞的發展狀況之一種國家體系中生存着，所以那種要求，當然採取超越各個國家的一般的性質，把自由平等作爲人權而宣布。這時候，這類人權之特別表徵布爾喬亞的性質的，就是美國憲法。這個憲法承認人權的第一條，同時就是固定了美國原有的黑奴制度，就是，階級的特權雖然廢止，人種的特權却要神聖化。

然而布爾喬亞，從脫離封建的資產階級的一瞬起，從中世的身分變爲近代的階級的一瞬起，就有萬難避免地跟着牠的背後的影子——普羅列塔利亞，這是人所共知的事實。同時，布爾喬亞要求平等的背後，也有普羅列塔利亞的要求平等尾隨着。從布爾喬亞提出廢止階級特權的要求之一瞬起，便發生了普羅列塔利亞廢止階級本身的要求（普羅列塔利亞的這種要求，最初是在原始基督教所懷抱的宗教形態之上表現，其後則根據布爾喬亞的平等說的本身）。無產階級抱資產階級底說道：平等不只是外觀上的事情，不只是國家這範圍內的平等，平等要是眞實的平等，要在社會的經濟的範圍內實現，把這套話頭拿來捉住資產階級。尤其從大革命後的法國資產階級，把布爾喬亞的平等，當做壓倒一切的東西之一瞬以來，法國的無產階級，也拿要求社會的經濟的平等這件事和牠相對抗，於是平等特別成了法國無產階級鬥爭的標語。

因此，無產階級口中的要求平等，含有兩重意義。其一，是對於顯著的社會不平等，如富人和窮人、主人和奴隸、享樂者和飢餓者的對立之自然的反抗，這特別在最初時期，如農民戰爭時期爲然。那種平等，純粹是革命的本能之表現，在這一點上，而且只有在這一點上，可以找出牠的意義來。其二，就是從向着布爾喬亞爭平等的要求這反動產生的，牠是從布爾喬亞的平等要求中，抽出來的多少比較正當比較進步的要求，其功用是煽動工人對抗資本家的手段，使工人用資本家的主張對抗資本家。這種形勢下的平等之要求，是和布爾喬亞的平等同生死的。無論在上面的那一種情形之下，普羅列塔利亞要求平等的眞實內容，總是廢棄階級。除此以外的平等之要求，必然地毫無意義。其例證我們已經舉述過，如果我們再把杜林格君的未來空想作問題，那種例證還可找出許多來。

所以，平等的觀念，不管布爾喬亞的形式下，抑在普羅列塔利亞的形式下，牠自身總是一個歷史的產物。牠要發達，必需有一定的歷史關係，而這歷史關係，又以長期的前史爲前提。因此，平等的觀念，雖是一般的東西，却斷乎不是永久的眞理。假使平等是現今許多人在某一意義上所自然明白的，或如馬克思所說：是『已有國民的偏見之固定性』的，那末，平等便不是公理的眞理之結果，而是十八世紀的思想普及於一般並具有根深蒂固的時代適應性之結果。因此，杜林格君所以能把兩個有名的人選行放在平等的地盤上，教他們經營社會生活的，就因爲他認定這種事，在國民的偏見看來，極爲自然的原故。實在，杜林格君稱他的哲學爲自然哲學，便因那是從他自己所認爲自然的純粹事物出發的原故。但是，他爲何把牠當做自然去觀察，關於這一點，他自己原來就沒有列爲問題解答過。

十一　道德與法律（其三）自由與必然

『關於政治和法律的領域，本講義所述的原則，實有最透徹的專門研究橫在牠的基礎上。所以，無論何人……恐怕在這裏，都要從徹底地敍述法律學及國家學的研究之結論出發。我的最初的專門研究，正是法律學，我對於法律學的研究，不僅在大學的普通三年間爲理論的準備而已，還作了三年司法官，繼續地以深入這一學問的堂奧爲目的而委身研究過……我如果對於這個專門的弱點，不和其優點一樣意識的去認識，恐怕對於私法關係的批判，以及適應於私法關係的法理不充分的批判，不能夠鄉這樣的確信地表現出來吧！』。

自己有資格那樣吹的人，無疑地起首就給了人們的信仰，尤其和『馬克思所曾明白蔑視過的法律研究』相對照的時候如是。因此，以那種自信心表現出來的私法關係的批判，止於教給了我們下面的事實：『法律學的學問上的價值……不是很大的東西』；現行民法，是把暴力的私有弄成神聖化的不正當的東西；刑法的『自然基礎』，就是復讎（這是軟弱的主張，只看他用『自然基礎』一語來神祕其說的這一點，已是嶄新的東西），關於這一點，使我們不得不驚奇。國家學上的結論，只是論述：一個人向來用暴力壓服旁的兩個人——這樣被意識的三人而已，這時候，杜林格君研究的是：最初使用了暴力和隸屬的是第二者呢？抑第三者呢？

現在，我們對於自信其具有最徹底的專門研究與三年司法官生活所得的更加深刻的學問之法律家，稍稍追隨一下看看。

杜林格君關於拉塞耳的批評，這樣說道：他『因為教唆竊盜提箱未遂』(1)而被告，『然而當時審判上的免除還有可能……即是因為宣布了半無罪，沒有發表審判官的判決』。

這裏構成問題的拉塞耳的訴訟，是一八四八年的夏天，克恩的陪審法院所審理的案件。在克恩地方，簡直和在萊因州一樣，法國刑法是有效力的。只有對於政治上的輕罪和重罪，才例外地適用普魯士的國法，而這種例外規定，又已於一八四八年的四月，為康浦豪正(2)所廢除了。不規則的普魯士法律所規定的關於重罪的教唆，法國的法律完全不知道，何況犯罪未遂的教唆。法國的法律所知道的，只是對於犯罪的煽動，然而要治罪，也『必須是

(1)拉塞耳於1846年與一伯爵夫人相知，伯爵因為和夫人不睦，擬將財產的一部分贈與某男爵夫人。當伯爵與男爵夫人往克恩時，為拉塞耳所探悉，遂與伯爵夫人尾隨其後，投宿於男爵夫人所下榻之克恩的某飯店。他們窺見男爵夫人行李中有提箱一隻，疑其藏着伯爵的卑鄙行為之證據的贈與書，因而在男爵夫人房中盜出其提箱。伯爵遂於1848年8月11日在克恩法庭以竊盜共犯罪控拉塞耳。然因拉塞耳辯訴(1)自己並非共犯；(2)無竊盜提箱的本身之意；(3)他不曾和伯爵夫人同謀，終受無罪的宣告。——據法譯者拉斯基註。

(2)康浦豪正(Camphausen)，當時的宰相。

贈與、豫約、脅迫、職權或濫用暴力、詐欺的煽動以及可罪的詭計之所爲』(刑法法典，第六十條)。深入了普魯士法律的檢察官，和杜林格君一樣，看漏了規定明白的法國法規和規定含混的普魯士法規之間的根本區別，因此，對於拉塞耳僅僅成功一個偏頗判決，終歸好事不成。爲什麼呢？在法國的刑事訴訟上，主張像普魯士法律那樣的判決無罪(即所謂半無罪)，那不過表示其對於法國的近代法律範圍，完全盲目無知而已。法國的法律在刑事訴訟上，只知道有罪無罪，不知道中間物。

因此，我們到了不能不這樣說的時候。只要杜林格君對於拿破崙法典，曾經翻閱過一次，那就恐怕不能以同一的自信，把這種『偉大的歷史記述』，適用於拉塞耳了。所以，我們對於杜林格君，不能不斷定他完全不知道這以法國大革命之社會的成果爲基礎，而且把那種成果翻譯在法律中了的近代布爾喬亞的惟一法典——近代法國法律。

杜林格君還在旁的區處，把批判那種已在全大陸實施了的以法國爲模範而採取多數決定制的陪審制的事情，告訴我們。他說：『恐怕人們都認爲靠反對投票的判決，在完全的共同社會，是不可能的制度吧！那樣的制度，是由歷史上未曾有過例子的思想，辛辛苦苦獲得少數同意的東西。……然而這種眞實而有精神上的深刻工夫的見解，已在上面指示過，因爲太適切的原故，無疑地對於傳統的制度，要表現爲不適當的東西』。

從這看來，杜林格君也完全不知道下面的事實：從英國的普通法，即是最遠的時代說，至少依照十四世紀以來具有效力的不文法，不但刑事判決的時候要陪審官一致議決，就是民事案件的判決，也絕對地要這樣。所以，照杜林格君說，則在現今世界上，可以稱爲太適切的眞實而深刻的見解，其實在英國方面，最黑暗的中世紀，即已有了法律的效力，並且牠已經由英國移到愛爾蘭，移到美國，移到英國的一切植民地了。然而最詳細的專門研究，却沒有把那種事實的一個字教給杜林格君。要知道陪審一致議決制的領域，不但和普魯士法律所施行的狹小領域相比較，廣大得可驚，並且比陪審官多數決定制的施行領域的全體還要大。杜林格君不但不知道近代的惟一法律之法國法典，就是關於離開羅馬法的權威而獨立地發展到現在，遍傳於世界各地方的惟一日耳曼法之英國法典，也同樣地不知道。然則他爲何不知道呢？因爲杜林格君曾說：英國式的法律的思惟方法，『從建築在德國領域內、而爲古代羅馬法學者所訓練的法律學派看來，畢竟不成樣子』。他又說：『具有幼稚的混合語的英語國，比起我們自然的語言形體來，那是作什麽的東西？』。關於這一點，我們只好借斯賓諾莎的話來回答：無知算不得理由。

這裏，我們不能出於以下的結論之外。杜林格君的最詳細的專門研究，是第一個三年對於羅馬法典爲理論的研究，第二個三年對於尊貴的普魯士法爲實踐的研究。這不消說，在可尊敬的古代普魯士的區法院之推事和律師方面，許有很大的功用，也許是很充分的功用。若是一個人想構成一種通全世界和全時代的法律哲學，他對於法，英，美之類的各國民的法律關係，便不能不多少知道一些。這些國民，在歷史上所盡的任務，是和普魯士法開了繁榮之花的德國的一隅不同的。可是我們再朝前看看。

地方、州、聯邦的法律，或爲習慣法，或爲成文法，極無秩序地相交錯，且又往往穿上純粹成文條例形式的重大事項之衣，在種種方向相交錯，像這種雜沓混合——個別（判例）打倒一般（一般的條文），有時一般（一般的原理）又打倒特殊（特別規定）——的無秩序和矛盾的樣本，實在不適宜於使什麼人對於明白的法律意識，有……的可能。然則在什麼地方實現着那種混亂狀態呢？說起來，就是在普魯士國法所施行的地方。這種地方，和國法同時並行的州法，地方法，或在國法之上或在國法之下，各自有其效力，又因區域之不同，而普通法和其他瑣屑的法律，在極不同的相對階段上具着効力。因此，促起一切法律的業務家，發出和杜林格曾經再三再四要求同情的一樣的呼救聲。然而杜林格君並不須離開他親愛的普魯士，只要到萊因地方走一趟就夠了，如其他往那裏走一趟，何管他相信七十年來，該地已無所謂法律的錯綜了。何況更跑到其他已經把那種陳腐狀態排除乾淨的各國，那更不消說。

他還說：『產生了一種不是極粗暴的方法，而是由於法院或其他行政機關掩蔽各成員之個人發言權的那種祕密的（也就是匿名的）集合審判和集合行爲，把自然的個人責任掩蔽起來的方法』。又在旁的區處說：『要排斥法院所行的掩蔽並隱匿各審判官的個人責任這件事，那在我們今日所處的狀態之下，恐怕算得一件可驚的而且極嚴重的要求』。我們如果告訴杜林格君，說：在英國法律所施行的領域，法院的審判官，是在公開的法庭上，各自下判決而且還要申述理由的；至於行政官的地位，不是從選舉得來，並且還要把理由及票決祕密起來的這種情形，只是普魯士所特有的制度，旁的許多國家都沒有看見，所以他的要求，只能說在普魯士方面，確實算得可驚的而且極嚴重的要求。恐怕他聽見這種話，定說是個可驚的報告哩！

同樣，關於出生、結婚、死亡和埋葬，加上宗教儀式的強制這件事，杜林格君也有攻擊，不過他的這種攻擊，在一切文明國中只好施諸普魯士而已，其實就是普魯士，從戶籍法實施以來，也沒有那種事情存在了。杜林格君所惺惺作態地以為只有在『共同社會的』未來狀態上，才能達到的事情，畢士馬克已經用一紙法律(1)把牠解決了。『法律家對於他的職業沒有充分準備』的這種攻擊，這是對於『行政官』也能用的攻擊，然而其中被慨歎的，也特別是普魯士的慨歎。即令那是杜林格君向來

(1)1878年2月6日頒佈的法律第14條。—據法譯者註

一有機會便提示於人以供滑稽的對猶太人的憎惡，卽令不是普魯士所特有的，然至少也特別是東愛耳伯人的特徵。傲然蔑視一切的偏見和迷信而自身却陷於偏見和迷信中的現實哲學者，自己反深深地囿於個人的妄想，把中世的不正確的信仰所遺傳的對猶太人的民族偏見，名爲基於『自然原因』的『自然判斷』，而發表下述的巨大的主張：『社會主義，是很能對抗猶太人的混合人口狀態（猶太人的混合狀態！這是一句什麼很自然的德語麼？）的惟一的力』。

得了！不說了罷！拿通曉法律上的學理來自誇，他的背後，至多不過是極尋常而陳腐的普魯士法律家之極尋常的專門知識而已。杜林格君把牠的結論首尾一貫起來而對我們說的法律學和國家學的領域，那是和普魯士國法的實施領域『一致』的。杜林格君的法律知識，連一切法律家所知道的現在英國很普及的羅馬法都除外了，他所用了一番功夫的，僅僅只是普魯士國法，只是用德文寫下來的啓蒙的家長專制主義的法典，並且這種法典，因爲其中有道德的註釋，法理的不明瞭和不確實，用作拷問及刑罰手段的鞭笞的原故，還全是屬於革命前的那時代的東西。超乎此的—

近代布爾喬亞的法國法律，那在法律的發展史上，有其特殊的發展，對於全大陸所不存在的個人自由，加以保障的英國法律，都被杜林格君認爲是惡物。所謂『卽令不適於單純外觀上的視界，而強力變革的運動之中，却展開外部和內部的自然之一切天和地』的哲學，牠有着眞實的視界，據牠的視界所及，——只有寶貴的國法所施行的古代普魯士六州，以及其他幾個地方的領界。哲學在這種視界之外，對於天地均不展開，對於外部的自然和內部自然也不展開，只展開他對於普魯士以外的世界所顯現的事件之極無知的畫卷。

我們不討論所謂自由意志的問題，不討論人類之責任能力的問題、不討論自由與必然之關係的問題，便不能十分研究道德和法律的問題。現實哲學對於這種問題的解答，不止一個而有兩個。

牠說：『我們要丟開一切謬誤的自由學說，來定立那一方是合理的洞察，他方是衝動的規定，而直就是結合爲中間力的兩者之關係的經驗性質。這種動態論的基本事實，要從觀察中抽出來，而對於尙未發生的事件之預測，也要盡可能地一般地評價牠的種類和大小。因此，關於內部的自由，費了幾千年心血的愚蠢的想像，不但根本上被鏟除了，並且已爲有益於生活之實際組織的積極的東西所代替』。依照這一說，自由的所在之點，就是合理的洞察把人類朝右拉，不合理的衝動把人類朝左拉、因這種力的平行四邊形而實際運動便表現於對角線的方向——這一點。因此，自由便是洞察和衝動，悟性和非悟性之間的平均，這種平均的程度，用天文學上的話說，就是要用『個人的時差』，在各個人的身上經驗地去決定的。然而到了幾頁以後，又說：『我們在自由的基礎上建立道德的責任，而這裏所說的自由，就是指的依據於先天的悟性和後天的悟性之標準而對於意識的動機之感受性，除此以外沒有旁的什麽。那種一切的動機，儘管有發覺某種對立行爲的可能，卻以不可避的自然法則性活動着。但是，我們在加上道德的槓桿時，正是預信那種不可避的必然性的』。

隨便打消第一自由規定的第二自由規定，也不過是黑智兒的觀念之極端的庸俗化。原來黑智兒是正確地敘述自由與必然之關係的最初一人。在黑智兒看來，所謂自由，就是洞察必然的話，『必然只在未被理解的限界內，牠才是盲目的』。自由，不同一般人所夢想的一樣，存在於離開自然法則而獨立之點上，自由乃是存在於認識這一自然法則的中間，存在於認識自然法則而計畫的使這一法則為一定的目的所利用的可能性的中間。這不但對於外的自然可以說，對於支配人類的肉體和精神的存在之各種法則也可以說。這兩種法則，我們至多只能在表象上去分別，在現實上决分不開。所以，所謂意志的自由，不外於指的可用事實的知識去决定的能力。因此，某人對於某種問題的判斷，越是較自由，那一判斷的內容，便越發是被更大的必然性規定的；反之，不根據於事物之認識的决定，是從外觀上許多不同而相矛盾的决定可能性中，任意選擇的，當然不確實，結果反受他自己應該支配的對象所支配，這便是證明了他自己的不自由。因此，那立足於自然的必然之認識而向我們自身及外的自然施行着支配的當中，才有自由存在。因此，自由必然是一個歷史的產物。初從動物界分離出來的人類，在其根本上，也曾和動物自身一樣不自由。可是文化上的一切進步，都是走向自由的一步。人類史的入口，有從機械的運動到熱的轉變，即是摩擦生火的創造；迄於現在的最後發展，則有從熱到機械的運動的轉變，即是蒸汽機關。蒸汽機關對於社會，雖貢獻了巨大解放的變革——牠還沒有完成一半工程——然在解放世界的效果上，摩擦生火的方面，無疑地要出乎蒸汽機關之上。因爲摩擦生火這件事，是人類開始對自然施行支配的工作，人類賴此永久脫離了動物界。蒸汽機關這東西，雖給我們認定牠是一切依附於牠的巨大生產力的代表者，惟有托庇這個代表的生產力，才有不慮何等階級對抗，不慮何等個人的生活手段的社會——人類要在牠的下面，才得着眞正的自由，才得着和已經認識的自然法則相調和的生活之社會——之到來的可能，然牠決不是在人類的發展上，成功那樣巨大飛躍的東西。全人類的歷史，現在還是如何幼稚，對我們今日的見解；硬想給牠何等絕對的意義，又是如何滑稽，根據以下的簡單事實，便可明白。所謂簡單的事實，就是直到現在的歷史之全部，可以叫做從機械運動轉變爲熱的實證發見、走到熱又轉變爲機械運動的實證發見之一個長期的歷史。

在杜林格君方面，不消說，歷史是受着別種看待的。概括的說，歷史是誤謬的歷史，是無知和粗笨的歷史，是暴力及隸從的歷史，是招致現實哲學厭惡的對象；而整個歷史時期，則被他分爲兩大部分：（一）從物質不變的狀態到法國革命；（二）從法國革命到杜林格君。然而十九世紀，『根本上還是反動的，從精神的方面說，比十八世紀還反動（！）』，不過那是社會主義的搖籃期，所以藏着『比法國革命的先輩們和英雄們所想到（！）的更強大的變革之萌芽』。現實哲學對于從來歷史的侮蔑，可照下述的來證明。『如果人們把將來的幾千年思考一下，則回顧過去的歷史被記載所傳到現在的幾千年，固然是人類造成功的產物，却無重大意義。……人類就全體看，現在還是極幼稚，假使將來學問的回顧，不用幾千年而用幾萬年來計算，則我們今日的制度，精神上還在未熟的幼稚狀態，這種幼稚狀態就明顯地是將來稱做太古時代的一個準備，當爲不可爭的事實』。我們不拘泥于這全是『自然的言語形態』的最後一節，只把下述的兩點加以注意。第一，這『太古時代』，從各種點上看來，對一切將來的時代是最富興趣的歷史之一幕。何故？因爲他是造成以後一切更高發展的基礎的，且以人類脫離動物界爲出發點，其內容是克服一種困難——

—將來結合的人類不再遭逢的困難的。第二，若要根據我們極『遲緩』而『退步』的世紀之精神上還未成熟的幼稚程度，發見一種終極的絕對眞理、不變的眞理、根本的認識，來造將來可以遵奉的規準，則這一太古時代的終結，定是極巧妙地選擇而來的時機；因爲和這一時代相對照，而將來不受那種困難和障碍所阻滯的歷史時代，完全期待特別科學的、技術的，社會的效果。其實投於從來歷史發展上的一切侮蔑、都是中在歷史的外表結果上，——也就是中在所謂現實哲學的頭上，——看漏這一點的人、祇是李夏特•瓦格拉（沒有他的才能也可以）那樣的哲學家。

這種根本的新科學之最特徵的部分中的一個，就是關於生活的個別化及價值增進的一節。這裏，神秘的常識，如噴水一般不絕的在三個全章中湧流出來。可惜我們的檢討，只能限於兩三個短短的例證。

『一切的感覺之深刻的本質，也就是一切主觀的生活形態之深刻的本質，都基於狀態的差異……對于完全的（！）生活，直可證明以下的情形：生活感情因而提高，決定的刺激因而發展的，並不是固定的狀態、乃是從這一生活狀態到那一生活狀態的移動。……不變的，停滯于所謂固着沈滯及同一平衡狀態之上的那種狀態，無論牠是什麼狀態，在生存的實驗上沒有十分重大的意義。……習慣和所謂習熟，把人類弄到簡直與死無異的不足輕重的狀態至多不過加上悶倦的痛苦，成爲一種消極的生活刺激而已。在沈滯的生活上，無論個人或民族，都消失對于生存的一切熱情和興味，但是，我們的差別法則，能夠說明此等一切的現象』。

杜林格君用什麼速度從根本上達到了他的獨特的結論，確推想不到。現實哲學所翻譯的一種常識，就是：同一神經之繼續的刺激，或那種刺激的繼續，使一切神經及神經系統都疲勞，因之在通常狀態上，不能不弄成神經刺激的中絕及更代的事情，（然而這種事情，在近年生理學參考書的每種上都可發見，無論什麼平凡的人，都能用自己的經驗去理解），——這種易於了解的平凡事實，一被所謂一切感覺之深刻的本質，基于狀態的差異那樣神祕的形式所翻譯，牠就變成『我們的差別法則』。果然如是，則這差別法則，便使現象的全系列『完全明瞭』；其實這現象系列，是變化的快適之說明，牠只是一個例證，所以牠自身對于最平凡的俗人之悟性，也用不着說明，在引用這種差別法則的地方，連原子般大的明瞭性牠都得不着。然而『我們的差別法則』之根本性，不是十分盡于此的，『年齡的次序以及和牠相結合着的生活關係的變化之出現，提供了指示我們的差別法則的切實例證。幼年，少年，青年，壯年，他們隨着年齡的次序而經驗各自的生活感情之強弱，這件事，並不是依據于某處已經固定的狀態，簡直是依據於從這一時代到那一時代的過渡期』。僅此還不充分。『我們的差別法則，只有在我們計慮到那已被經驗或完成了的事物之反復、是沒有具着何種刺戟的這種事實之時，更加廣大地適用』。現在讀者當可想而知這神談的廢話之本身了，因為具有上述那樣深刻和根本的各節，對此已經提供了一個端緒。然而杜林格君在其大著的終結上，恐怕還要揚揚得意的高叫道：『在生活價值的評價和增進上，無論理論方面或實際方面，差別的法則都成了標準！』。但是，這在杜林格君給他的聽衆一個精神的評價時，也同樣地成為標準，那時候，他一定相信他的聽衆們，都是純粹的下愚或外行。

我們更進而承教極實際的生活規則。『鼓勵全體對于生活的興趣之手段』（這在外行或想做外行的人們，却是偉大的任務！）」，『就是存于這一點上：順應自然的時準，把全體所由構成的各個所謂基本的興趣，發展起來、或使其互相更替。同樣，就在同一狀態上，那種把低度的容易滿足的刺激，代以比較高度的能夠繼續的刺激，也就是為了避免發生完全無興趣的空隙，而應用的手段。但是，還得注意到：不要任意冗積和加強社會生活的自然過程上，或社會生活的常軌進行過程上所生的緊張，不要滿足于微小的刺激（那正是反對的缺點），因而妨害享樂的欲求之發展。這裏也和其他場所一樣，保持自然的拍子，是整齊的典雅的運動之前提條件。所以，我們不可提出如次的不可解的問題——想把某種境遇的刺戟擴大到自然或一定的關係所規定的期間以上』。這想把那種威風凜凜的鄙俚的——用詭辯來掩飾其陳腐的平凡之誇衒行為的——神話，用作生活歷練之準則的紳士先生，或許沒有完全苦悶於『完全無興趣的空隙中吧！他是要把他的全時間，用在享樂的正則準備和佈置上的，他還有一刻的自由時間作享樂用麼?！我們必須經驗生活，經驗完全的生活。杜林格君禁止我們的只有兩條：第一，『喫煙的不潔』；第二，飲酒和『具有令人發生不快之感或普通妨害雅與的性質』之飲食物。但是，杜林格君在經濟學講義中，又熱烈地讚揚燒酒的釀造，所以他所說的飲酒，不能認爲是燒酒，于是我們得到這一結論：他所禁止的只限于葡萄酒和啤酒。他還禁止食肉，所以又把現實哲學提高到了格斯塔夫●司徒魯伯（1）曾經大成功的同一程度——純粹兒戲的程度。

然而杜林格君現在對于酒精飲料，恐怕稍微寬大些了。誠如他自己的聲明：還不能發見從靜止到運動的橋的人，在某個可憐虫醉酒的結果，以致不能發見從運動到靜止的橋之時，對他當然要沉靜地批評。

十二　辯証法（其二）量與質

『關于存在之論理的根本特質，第一最重要的命題，就是排除矛盾。矛盾是一個範疇，然牠却只是能够存在于思想的結合上，不能存在于現實上的範疇。事物上決無什麼矛盾，換一句話，被作爲現實而設定的矛盾，牠自身便不合理到了極頂。

（1）格斯塔夫·司徒魯伯（Gustav struve 1803—1870） 共和主義中最活動最著名的大煽動者，他宣傳過食菜主義。

……在反對的方向上互相爭逐的力的對抗，猶且是世界及屬于世界的事物之實在上的一切活動的根本形式。但是，要素及個體的力的方向這樣對抗着的事實，牠和不合理的矛盾思想絕不是一致的東西。……這裡，我們可以滿足于以下的事實：現實的矛盾之實際，就是不合理的東西，——由于這種明瞭的肖像，消除了論理學的假定之神祕所常常發生的雲霧，說明了人們丟開敘述對抗的世界圖型論，去信服那種極粗笨地彫刻木人——矛盾的辯證法，竟是徒然無益的阿附』。這簡直是哲學講義中對辯證法所論述的全部。至于批判史上，則和矛盾辯證法一起受着別樣看待的，特別是黑智兒。『據黑智兒的論理學說來，簡直是據他的純理性說來，矛盾決不是存在于性質上只是主觀的或是意識的所能表象的思惟之中，而是客觀的存在于事物及現象的自身之中，可說就是在那中間如實地體現出來的東西。因此，牠的不合理，就不止于是不可能的思想結合而已，還成爲事實上力。不合理的現實性，是黑智兒的論理學及非論理學之統一的第一個信條。……越矛盾越眞實，換一句話，越不合理越可信，這種不一定是新發見而是從啟示神祕說所得到的格言，就是所謂辯證法的原理之赤裸裸的表現』。

這裡引用的兩節之思想的內容，可以概約而爲這一公式：矛盾＝不合理，所以現實界不會有矛盾的存在。這種公式，在有相當常識的人們看來，定和直的不能是曲的，曲的不能是直的一樣，具着明顯的妥適性。然而微分學，儘管是常識的反對，牠却設定直線和曲線在一定的狀態之下爲同一物，並且因此成就了人類的常識——很固執地以爲直線和曲線的同一是矛盾的這種常識——所不能完成的結果。如果想到所謂矛盾辯證法，從古代希臘到今日，在哲學上所盡的重大任務，那就儘管比杜林格君還頑固的反對者，他定會不僅拿一個斷定和幾句侮蔑的言辭來打擊而已，還要找出別種議論來對抗。

不消說，我們把事物作爲靜止的，無生命的東西，各自獨立地兩不相關地觀察時，是碰不着何等矛盾的。我們在這些事物中，發見其一部是大家共通的，一部是不同而且互相矛盾着的某種特質，這時候，特質分配在各別的事物身上，所以牠自身不包含何等矛盾。若以這種觀察領域爲滿足，我們便只要用普通的形而上學的方法就夠了。但是，我們一旦把事物在其運動上，在其變化上，在其生命上，在其相互作用上去觀察，那就完全不同了。這種時候，我們立即陷於矛盾之中。運動的自身，就是一個矛盾，即如簡單的機械移動位置，也只有依據於一種物體在同一時間內，既在這裏同時又在那裏，既是同一場所又不是同一場所的事實，才能完成牠的運動。那種不斷的造成矛盾和同時解決矛盾，正是運動。

所以，我們在這裏看出了那『客觀的存在於事物及現象的自身中，簡直就是在那中間如實地體現出來的』矛盾。杜林格君對於這一點，他怎樣說着呢？他這麼說：直到如今，『在合理的力學上，還沒有嚴密的存在於靜止和運動之間的一道橋』。讀者現在已經知道了杜林格君所愛用的這種語句的背後，藏着的是些什麼了。那終不外於這句話：形而上學的思惟的悟性，絕對不能從靜止的思想達到運動的思想，因爲上述的矛盾妨礙了牠的走路之故。在形而上學的思惟看來，運動是矛盾，所以完全不可理解。然而他既是說運動不可理解，所以就是不知不覺地承認了那種矛盾的存在，也就是承認了客觀的存在於事物及現象自身中的矛盾，並且承認了那種矛盾是事實上的力。

既然認定簡單的機械移動位置，其中也含着矛盾，那末，物質的更高度的運動，尤其有機的生命及其發展，更加爲然了。我們已在上面說過，生命的所在之點，第一就是無論什麼時候，牠既是同一物同時又是另一物的一點。因此，生命是存在於事物及現象的自身中，常常造成自己解決自己的矛盾，矛盾一停止，生命就停止，於是死期到來。同樣，我們在思惟的領域，也知道我們如何不能避免矛盾的情形。例如內部無邊際的人類之認識能力，和牠現實的存在於完全爲外部所限制而認識有限的人類之中——這兩者間的矛盾，至少我們知道那是如何被解決於人類實際上的不斷繼承之中，即是被解決於無限的進步之中。

我們曾經說過，高等數學的主要基礎之一，就是在某種情形之下，直線曲線都能夠是同一物的這種矛盾。高等數學又實現別的矛盾，這個矛盾的表現，就是這一事實：在我們的眼前相交的線，從那個交點起，離開五六生的米突，已可看做平行線，儘管無限的延長，也是決不能相交的兩條線。然而高等數學因着這類的矛盾，以及比這更激烈的矛盾，不僅得到了正確的結果，還得到了初等數學所決得不着的結果。

但是，那怕在初等數學上，也是充滿着矛盾。比如：A的一根不能不是A的一乘，並且確確實實地是 $A^{\frac{1}{2}}=\sqrt{A}$，這就是一個矛盾。又如負數必然是某物的平方——因爲一切負數自乘起來，就發生正數的平方——這也是一個矛盾。因此，負數的一平方根，不單是矛盾，且是不合理的矛盾，眞正無意義的事情。然而 $\sqrt{-1}$ 在許多場所，牠是正確的數學計算上之必然的結果。不僅如是，如其禁止 $\sqrt{-1}$ 的運用，什麼地方還有數學(不說高等初等的話)存在呢？

數學的自身，因爲研究變量而走進了辯證法的領域；尤堪特別記述的，就是辯證法的哲學者笛卡兒，他把這種進步用到數學上來了。變量的數學對於不變量的關係，普通和辯證法的思惟對於形而上學的思惟的關係一樣。這種事實，並不妨礙許多數學者，只在數學的領域內認識辯證法的這件事，也不妨礙這些數學家的中間，還有許許多多的人，把在辯證法的道路上獲得的方法，完全拿從來被拘束了的形而上學的方法來運用的這件事。

要把杜林格君的力的對抗以及他的對抗的世界圖型論，更加詳細的論述，這恐怕只在他用簡單空話上的某物，向我們敘述該問題的時候，才有可能。他說出了這種空話以後，無論在世界圖型論上，在自然哲學上，都未曾使這個對抗實際地作用過一次，這就是杜林格君不能以『世界及存於世界的事物之實在上的一切活動的根本形態』，做出何等積極東西的一個頂好的聲明。不錯！我們若是把黑智兒的『本質論』，降低爲不在矛盾上運動而在相反的方向上運動的力這麼一種平凡的事實，當然就是我們規避一般常識的一切適用之最好方法。

給杜林格君排洩他的反辯證法的憤怒之機會的，就是馬克思的『資本論』。他說：『因爲缺乏自然的及悟性的論理學，於是辯證法的混亂和奇怪的觀念顯著起來……人們在現存的部分上，已經不能不適用以下的原則：在某點上，而且一般的(！)因爲有名的哲學上的偏見，可以在個別中求全體，在全體中求個別。但是，如果依據於這種觀念的誤用和濫用，則結局一切都是一個』。一般所知道的杜林格君那種對於哲學上的偏見之洞見，終使杜林格君在說了：『但是，就人類方面及德國方面說最後二卷內，究竟應該繼續地說些什麼，實在不知道』——這句話，恰恰七行之後，便能確實地豫斷馬克思的經濟的思辨之『終極』是什麼，即是『資本論』的續卷之內容是什麼。

然而杜林格君的著述，暴露了牠是『矛盾在客觀上存在，質直如實地體現着』的『事物』，這種情形不自此次爲始。但是，這一事實，决不妨害他像下面那樣揚揚得意地繼續說。他說：『可是健全的論理學，恐怕對於那種戲畫是占勝利的。……自尊自大的主義與辯證法的神秘主義，恐怕不曾迷惑判斷力還稍微健全的人，使他模倣牠的思想和體裁的醜陋……。辯證法的愚蠢之殘滓一消滅，牠的欺騙手段，……恐怕也要失掉詐欺的力，誰也不以爲應該自尋苦惱，想在糾紛的事物之淨化了的核心，縱然不是表示常識，也只表示尋常理論的特徵——這種區處，達到更深刻的智慧。……不瀆犯健全的論理學而再現那（馬克思的）依據純理性說所構成的混亂，是完全不可能的事情』。馬克思的方法，『就在於對自己的信仰者、構成辯證法的怪異之一點上』等語。

馬克思說的經濟上的結論之正確與否，這裏毫無關係，我們只把馬克思所用的辯證法的方法當做問題。但是，下面的事實倒是確實的，『資本論』的大多數讀者，現在叨蒙杜林格君的教言，才了解自己所讀的東西。這些讀者的中間，杜林格君也是其一，記得杜林格君在一八六七年（補遺），第三卷第三册（Ergänzungsblätter III, Heft 3），還敍述了這書的梗概，說當作某種思想家看，牠是比較合理的東西，還不像今日當做絕對的必要一樣，必須把馬克思的發展，移作杜林格君的發展。當時他雖然犯着一個錯誤，說馬克思的辯證法，和黑智兒的辯證法是同一的東西，却還沒有完全失掉理解的能力，還能理解方法和用方法所得的結果，應該有區別，縱然大家認爲方法不對，却不能特意地排斥結果。

杜林格君的最値得驚異的話，就是說從馬克思的立場看，『結局都是一個』，換一句話，在馬克思看來，資本家、工錢勞動者、封建的、資本主義的、以及社會主義的生產方法，也『都是一個』，甚至馬克思和杜林格君，結局也『都是一個』

。他如何弄成這樣簡單的笨拙，要說明這一點，只有假定：或許是因爲簡單的辯證法這句話，使杜林格君陷於無能力的狀態，而引起觀念的誤用及濫用，結局，遂把自己所說所爲的當做『都是一個』了，除了這樣以外再無方法。

　這裏，我們試一研究杜林格君所稱爲『我的大規模的歷史記述』，或稱爲概括的處理方法，這是『計算了種屬及定型，完全不把休姆所喚做愚蠢學者的人，在小論理的 (Mikrologich)各個點上去尊敬的概括的處理方法，只有這種更高級更優尙的方法，和完全眞理的利益是一致的，和對於不受組合束縛的公衆之義務是一致的』。對的，大規模的歷史記述，以及計算了種屬和定型的總括方法，在杜林格君看來，實是極便利的事情，因爲他在這種地方，能夠把一切確定的事實，當做小論理的東西去輕視，當做虛無去設定；而且無須乎論證，只要作出普通的文句，自己堅決地主張並一味地嘲罵就夠了。同時，這種方法還有以下的利益：就是不讓對方得着一點頭緒，換一句話，不讓對方有旁的辯駁方法，只好和杜林格君一樣，也大規模而且總括地主張反對，也使用普通的文句，結局，還給杜林格君一頓嘲罵，約言之，就是來一套人人都不愛的惡獻至必返之。所以，我們要感謝杜林格君，他例外地丢開那高級而優尙的態度，從可厭的馬克思之純理性說中，至少舉着兩個例證。

『比如他基於黑智兒的混亂的曖昧觀念，說量變而爲質，因之墊款一旦達到一定的限界，就單因量的增加而成爲資本，試問這種主張是如何滑稽呢？』

我們一看杜林格君所『淨化了』的敍述，就感覺牠無論如何都是滑稽。因此，我們試把原本看看，看馬克思究竟是怎樣說的。馬克思在『資本論』第二版的三一三頁上，從前述的關於不變資本和可變資本及剩餘價值的研究中，抽出如次的結論：『一切任意的貨幣量或價值量，不會變成資本，反之，這一變化的前提，是要各個貨幣所有者或商品所有者的手中，握有一定限度的貨幣或交換價值的』。因此，馬克思以下面的假定來作例證，他假定：某勞動部門的工人，每天爲自己做八小時的工，卽是爲生產工錢的價値而勞動，把剩餘的四小時爲資本家作工，卽主要的是爲生產那流入資本家荷包中的剩餘價值而勞動。那時候，無論何人，他要每天榨取和一個工人的生活程度相同的剩餘價値，他就非有可以供給兩個工人用的原料、勞動手段和工錢的價值量不行。然而資本家的生產，不是以單純的生計爲目的的，其目的在於增加財富，所以這僅有兩個工人的雇主，恐怕還算不得資本家。他如果要過兩倍於普通工人的生活，且把生產出來的剩餘價值之半數，併入資本中去，他就非雇八個工人不行，即是要有上面已經假定過的價值量的四倍。馬克思像那樣敍述之後，又拿許多話來說明並證明這一事實，他說不是一切任意的價值量，在變成資本上都適宜的，可說一切發展期間和一切產業部門，都各有一定的最低限界。這樣解釋之後，才說：『就在這裏，也和在自然科學上一樣，能夠證實黑智兒在論理學上所發見的法則——單純量的變化達到某點時，就變成質的差異的這一法則的正確』。

所以，人們或許要驚歎杜林格君的高級而優尙的手段，因爲他竟𧾷把恰和馬克思所實際說過的話相反的事情，拿來強迫馬克思。馬克思說：某種價值量，雖因情形而不同，然而要在各場所達到一定的最低限度時，才能變成資本，——這一事實是證實黑智兒的法則之正確的一個證據。杜林格君却強迫他，要他說：依據黑智兒的法則，便是量變而爲質，所以說，『因之』，『預墊款』一旦達到一定的限界，就變成了『資本』。這就是馬克思所實際說過的正反對。

『爲了完全的眞理』以及爲了『對於不受組合束縛的公衆之義務』而誤行引用的習慣，我們已在杜林格君處理達爾文問題的論述中知道了。牠逐漸構成現實哲學的內部的必然性，誠然是極『總括的方法』。杜林格君又誣賴馬克思，說他是論述的一切任意的『預墊款』，而事實上，却無疑地馬克思只說過那種變爲原料，勞動手段和工錢的預墊款；同時，便無疑地杜林格君是強迫馬克思說毫無意義的話。然而他有一副厚臉皮，把自己所造成的無意義，當做人家的滑稽。他爲了試驗自己的力量，造出了空中樓閣的達爾文，這裏又造着空中樓閣的馬克思。誠然是『大規模的歷史記述』！

我們已在上述之世界圖型論的處所，知道杜林格君不幸於窮塞時，自己承認而且適用了黑智兒所說之質量關係的結節線，即量的變化，在某點上，突然發生質的變化的事情。我們在那裏，舉了最爲一般人所深知的例證之一，即水的凝集狀態之變化，指出水於普通氣壓下，在攝氏零度上由液體變固體，在攝氏百度上由液體變氣體，因此，在這兩個分歧點上，氣溫之單純的量的變化，是惹起水的質的變化來的。

我們要證明這一法則，從自然和人類社會中，當能舉出無數的那種事實來。例如馬克思的『資本論』中，題名相對的剩餘價值之生產的第四篇全體，所處理着的，就是指出協業、分業和工場手工業、機械的經營和大工業的領域，有無數的事例，證實了事物之量的變化惹起質的變化，質的變化惹起量的變化，若借杜林格君所極端厭惡的話說，就是量變而為質，質變而為量的無數事例。比如幾個人的協業——即是把許多力弄成一個集合力的融合，借馬克思的話說，就是造成『新的強大力量』來的，那根本和個別力量的總和不同。

加之，馬克思還在那種被杜林格君為了完全的真理而弄成正反對的地方，加上註釋如下：『由勞崙(1)及蓋爾哈特(2)開始為科學的敘述而被近代化學應用了的分子說，不是基於旁的法則的東西』。然而那於杜林格君有什麼關係？他實在相信以

(1) 勞崙(Laurent 1807-1835)
(2) 蓋爾哈特(Gerhardt)

下的事實：『自然科學的思惟方法之卓越的近代構成要素，在半科學和極膚淺的哲學成爲陋劣學問的掩藏之處，如在馬克思及其對敵者拉莎耳方面一樣，是不存在的』。可是在杜林格君方面，則是『力學、物理學和化學的嚴密知識的主要原則』，構成着基礎，這是我們已經說過了的。但是，我們現在爲了第三者能夠判斷邪正起見，把馬克思的註釋上所舉過的例證，稍稍詳細地考察一下看看。

這裏，是炭素化合物的類似系列作了問題，這問題是人們已經深深知道的情形，牠們各有其所特有的代數學上的組合表式。現在我們假定依照化學上所表現的方法，把一原子量的炭素用C來表示，把一原子量的水素用H來表示，把一原子量的酸素用O來表示，把各化合物中所含的炭素之原子量的數目用n來表示，則此等系列各自的分子式，可以表示如下：

CnH_2n+2——普通的巴拉霏因(Paraffine——蠟燭原料)系列

CnH_2n+2O——最初酒精系列

CnH_2n+O_2——單鹽基性的油酸

我們若把最前的系列拿來作例證，並且依次假定n＝1，n＝2，n＝3，便可得到如次的結果(除開同分異性物)：

CH_2O——蟻酸——沸點1000——融解點10——

$C_2H_4O_2$——醋酸——沸點1180——融解點170——

$C_3H_6O_2$——Propeonsaure——沸點1400——融解點——

$C_4H_8O_2$——酪酸——沸點1620——融解點——

$C_5H_{10}O_2$——Baleriausaure——沸點——1750——融解點——

這樣，遂繼續增加到$C_{30}H_{60}O_2$而成爲麥利精酸Meilisnanre。這種酸類，要在攝氏一百八十度才能溶解，牠並且沒有沸騰點，因爲到了氣化的時候，便一定分解了。

因此，我們在這裏可以看到量的方面彼此不同的一切個體的全系列，而這個系列，是由原素之單純的量的增加——然而常是同一比例的增加——形成的。這在化合的原素以同一比例使量發生變化的時候，最純粹地表現出來，比如通常的巴拉霏因C_nH_{2n+2}，就是例子。最低的是沼氣 CH_4，即是氣體，著名最高的是黑克德康(Hekdehan) $C_{18}H_{34}$，即是無色的結晶之固體，牠在二一度上溶解，在二七八度上才蒸發。在這兩個系列上，新環的產生，都是由於CH_2的添加，即是在前環的分子式上，添加一原子量的炭素和二原子量的水素，而分子式上的那種量的變化，常使質的方面生出不同的個體來。

然而那種系列，不過是特別明白的一個例證，在化學上，簡直到處都能知道：窒素的種種酸化物、燐或硫黃的種種酸素酸的中間，如何『量變而為質』；又能知道：黑智兒的那種所謂混亂的神祕觀念，如何在事物及現象中具體的表現出來；並且知道：杜林格君以外的人們，都不是混亂，都不是神祕。現在若是假定馬克思是最初喚起留意於這一點的人，而杜林格君是不會理解他的指示而讀下去的（因為他如果理解了，便沒有那樣未之前聞的無禮），便不待回顧聲名洋溢之杜林格君的自然哲學，已是充分地明瞭以下的事實了，——究竟誰缺乏『自然科學的思惟方法之顯著的近代要素』，馬克思呢？杜林格君呢？又，究竟誰缺乏『化學的……主要原則』之知識呢？

最後，我們找一個證人——拿破崙，來證明從量到質的變化。拿破崙對于騎術不精而訓練有素的法國兵，和那在兩人互鬥的時候無與匹敵而素乏訓練的馬美克人（Mameluken——埃及騎兵）作戰所得的經驗，像下面那樣寫道：『兩個馬美克人絕對優於三個法國人，百個馬美克人恰和百個法國人相敵，三百法國人，通常要優於三百馬美克人，千個法國人，便往往擊破一千五百個馬美克人』。這正同馬克思說的要交換價值額變成資本，雖因情形而不同，但一定的最低量是必要的一樣，在拿破崙看來，要紀律嚴整和計畫周密的力量有實現的可能，要戰勝擅長騎術，善於作戰，至少是同樣勇敢而無秩序的騎兵的大集團，那就必需一定限度的騎兵隊。然而那對於杜林格君是證實什麼？拿破崙不是在他和歐洲作戰的時候大敗了麼？他不是屢敗麼？那是什麼原故呢？沒有旁的關係，只因他把黑智兒的混亂的神祕觀念，移到騎兵戰術中去了！

十三　辯證法（其二）否定之否定

『這個（關於英國的所謂原始資本蓄積之誕生的）歷史的描寫，在馬克思的著述中，是比較的最優良的文章。他如果不在學問的手段之外，又依賴辯證法的手段，那就更好了。黑智兒的否定之否定，在這種地方，沒有更好更明白的手段，而是從事着產婆的任務，因此，未來遂從過去的胎內生了出來。十六世紀以來在暗示的方法上所完成的個人的所有之止揚，就是第一的否定。接着當是第二的否定來了，這第二的否定，牠有成爲否定之否定的特徵，同時，又是以『個人的所有』之復活爲特徵的，然而這乃是基於土地和勞動工具的共有而來的更高形式的個人所有之復活。這新起的個人的所有，若照馬克思說來，同時又呼做『社會的所有』，那就是黑智兒的更高的統一，在這裏實現出來了，即是實現了矛盾被止揚的統一——用開玩笑的字面說，便是一面克服矛盾一面又保持矛盾的統一。……所以，所謂收奪者的收奪，簡直是物質的外部關係上歷史的現實之自動的產物。……若是有點考慮的人，恐怕不至於信任黑智兒的詐欺——否定之否定也是其一——而相信土地和資本的共有之必然性。……用當作科學基礎的黑智兒辯證法，能夠產生什麼？簡直什麼都不成功——知道這一點的人，看得馬克思的那種兩性同體式(Zwittergestalt)的神祕觀念，是毫不足怪的事情。對於那些不知道這種魔術的人，黑智兒的第一否定，是墮落(Sündenfall——人類對神犯罪)的問答宗教概念(Katechismusbegriff)；他的第二否定，是指引解脫的更高度的統一概念，我們必須明白地注意這件事情。在從宗教領域借來的這種不正確的類推之上，是建立不起事實的論理來的。……馬克思君安居於同時既是個人的又是社會的一切神祕世界，把解釋意義深奧的辯證法之謎的這一工作，交給該項專門家去幹』。以上是杜林格君所說。

因此，就該達到這種結論：馬克思除了靠立足在黑智兒的否定之否定上以外，再不能證明社會革命的必然性，即是土地和勞動所生產的生產器具之共有復活的必然性，他把自己的社會說，建立在從宗教借來的不正確的類推之上，依據這一點，斷定未來的社會，要實現黑智兒所謂的矛盾被止揚的更高度的統一，即同時既是個人的又是社會的那種所有。

我們暫時離開否定之否定，先來研究『同時既是個人的又是社會的那種所有』

看看。這是杜林格君所稱的『神祕世界』，而値得驚奇的事，就是他在這一點上說得倒不錯。然而住在這種神祕世界的，可惜不是馬克思而是杜林格君自己。杜林格君在前述的處所，已於精涌黑智兒的『錯亂』方法之下，很輕易地確定了『資本論』的未成各卷的內容應該是什麼，這裏又是一樣，毫不費力地用黑智兒修正了馬克思，把馬克思一句都不曾說過的所有之更高度的統一，拿來誣賴他。

在馬克思方面，這樣說過：『那是否定之否定。那是個人的所有之從新復活，然而那是立足於資本主義時代的成果之基礎上的，卽是立足於自由勞動者的協業，以及他們對土地和勞動自身所生產的生產要具之共有上的。立足於各人自己勞動上的一種分散的私有之轉變爲資本主義的所有，比已經立足於社會的生產經營之資本主義的私有轉變爲社會的所有，當然遠爲緩漫，遠爲困難』。這是他所說的全部。換言之，收奪者的收奪所招致的狀態，雖是個人的所有之復活，然而這個復活，其特徵乃是立足於土地及勞動自身所生產的生產要具歸社會的所有的基礎上。如果是理解德語的人看來，那就是指示：社會的所有是說的土地和其他生產要具，個人的所有是說的生產物卽消費物。三歲的小孩子都理解得到的，馬克思在五六頁內，又申述那『用共同的生產要具行勞動，把個人的勞動力意識地當做社會的勞動力支出的自由人的組合』，卽是用社會主義組織起來的組合。且而又說：『組合的全生產物，是社會的生產物，這個生產物的一部，又變成生產要具。那仍是社會的。然而其他的部分，便作爲組合員的生活手段而消費。所以，不能不在他們的中間行分配』。這在黑智兒化了的杜林格君的頭腦看來，也該十分明瞭吧。

同時既是個人的又是社會的那種所有，這個混雜的兩性同體式，在黑智兒的辯證法上所必然產生的不合理，這種神祕世界，馬克思所交給專門家去解决的意義深奧的辯證法之謎，——此等一切，都是杜林格君的任意創造和想像。所謂黑智兒派的馬克思，有指示否定之否定的結果，就是眞確的更高的統一之義務，然而因爲他沒有依照杜林格君的興趣幹這件事，所以杜林格君不能不拿出更高級更優尙的手段，『爲完全的眞理』而把自己製造的產物來誣賴馬克思。那種絲毫都不能正確引用的人，對於處處都正確引用的其他人們之『中國式的博學』，自當大發義憤，他們惟其正確地引用，才『不能很巧妙地掩飾自己對於被引用的著者之思想全部缺乏理解』。杜林格君是正確的。大規模的歷史記述萬歲！

向來我們從這樣的前提出發：以爲杜林格君所固執的誤謬引用，至少也是出於善意，是基於他自身不能理解；即令不然，也是基於大規模的歷史記述所特有、即普通稱爲疎忽的完全靠記憶而引用的習慣來的。然而我們現在却認爲杜林格君，也到達了量變而爲質的地方。爲什麼呢？因爲：第一、那種地方，在馬克思方面，是完全明瞭的，而且該書明明不許誤會的其他處所，已經補充過；第二、杜林格君在上面所引用過的補遺中對『資本論』的批評，以及『批判史』的第一版內，都沒有摘發那種『同時既是個人的又是社會的所有』之怪物，在第二版上，即第三次講義中，才摘發出來；並且，杜林格君在這按照社會主義加以改寫了的第二版上，爲了能夠更得意地誇示其所謂——實係他所主張——『我在我的「講義」中，就經濟的和政治的概說了的經濟公社』起見，有強迫馬克思盡可能地對於未來的社會組織說些無意思的話之必要，——此等一切的事實，我們一加考慮，便要達到如次的結論，要承認杜林格君在這種地方，把馬克思的思想，意識地『有効地擴大了』（當然對於杜林格君是有効的）。

然則否定之否定，在馬克思方面，盡了什麼任務？他在七九一頁以下的各頁內，敍着其先五十頁所論的關於所謂原始資本蓄積之經濟的和歷史的研究之結論。在資本主義時代以前，至少在英國，有過建立在勞動者私有着生產要具的基礎之上的小規模經營。所謂原始資本蓄積，就存在於此等直接生產者被收奪，即基於自己勞動的私有之解體的中間。這件事情的可能，其理由乃在於上述的小規模經營，僅能適應於狹小的自然限界內的生產和社會，一旦達到某種高度，就得產生破坏自己本身的手段。這個破坏——這種個人的分散的生產要具之轉變爲社會的集中的生產要具，構成了資本的前史。勞動者一變爲無產者，勞動條件一變爲資本；資本家的生產方法一立脚得住，則勞動之更大的社會化，以及土地和其他生產要具之更大的轉變，因而私有者之更大的收奪，便採取一個新的形式。『現在應該被收奪的，已不是自己經營的勞動者，而是榨取許多勞動者的資本家。這個收奪，是由資本家的生產之內在的法則卽資本集中所完成的。每每一個資本家，撲滅許多資本家。於是隨着這一集中，換一句話，隨着少數資本家收奪多數資本家的這一事實，而正在日益變成大規模的勞動行程之協業形態，科學被意識的技術的應用，土地被計畫的共同利用，勞動手段轉變爲只能共同利用的勞動手段，基於一切生產要具被作爲結合的社會的勞動所共同的生產要具去使用而來的節約等事，都發達起來。因爲在轉形過程中把一切利益橫奪獨占以去的資本家數，一天一天減少的原故，而窮困，壓迫，奴從，頹廢，榨取的量，就更加擴大。但是，同時，反抗和工人階級的數量，也增加起來，這是因爲資本家的生產方法之機構所訓練、所結合、所組織而日見發展的。於是資本變成那種和牠同時並在其下開花茂盛過的生產方法之桎梏。於是生產要具的集中和勞動的社會化，到達不能和資本家的外殼相容之點。於是資本家的外殼破裂。於是資本家的私有之喪鍾報響。而收奪者遂被收奪』（這段話的引用，對原書略有刪減，意義却無變動，請參照德文本『資本論』第一卷七二八頁——譯者）。

那末，我問讀者，到底什麼地方有辯證法的混亂不淸和奇怪的觀念？什麼地方有照牠說、結局便一切都是一個的那種觀念之誤用或濫用？什麼地方有辯證法的怪誕？什麼地方有像杜林格君所說的做效黑智兒純理性說的辯證法之神祕和錯亂（他說如果沒有牠，馬克思便不能實現他自己的發展）？馬克思只不過就歷史方面指示以下的事實，在這裏把牠概括的敍述而已，他所指示的是：小規模經營因爲自己的發展，必然造出破坏自己的條件，即是造出小私有者被收奪的條件，而資本家的生產方法也和這一樣，造成定要毀滅自己的物質條件。這種過程是歷史的過程。牠如果同時又是辯證法的過程，那對於杜林格君或許是致命的東西，但決不是馬克思的罪過。

馬克思把他的歷史的經濟的論證作完之後，才接着敍述如下：『資本家的生產及占有方法，即資本家的私有，牠是以自己勞動爲基礎的個人私有之第一否定。資本家的生產之否定，又因自然過程的必然，由自己本身製造出來。那就是否定之否定』……（以下前面引過）。

因此，馬克思把那種行程稱爲否定之否定的用意，他並不是想依據牠來論證那一行程的歷史的必然。恰恰相反，他是對於那一行程的某一部分事實上既已發生，某一部分便不能不發生的情事，就歷史的論證之後，因而稱牠爲服從一定的辯證法法則所完成的行程的。僅僅是那樣。所以，杜林格君如果一口咬定馬克思的否定之否定，在這裏必然要執行那種從過去的胎中引出未來的產婆任務，或是硬說馬克思想教人們於信任否定之否定上，確信土地及資本的共有（牠自身是杜林格君的顯著矛盾）之必然性，這仍然是杜林格君的虛構。

杜林格君若是認爲辯證法，正如人們在狹義上那樣理解形式論理學和初等數學一樣，只是證明的工具，那就已經是完全缺乏對於辯證法的認識了。其實就是形式論理學，牠首先也是爲了發見新結果而用的手段，是從已知到未知的手段，辯證法——但牠是在更廣義上——也是一樣，而且辯證法因爲是超越形式論理學的窄狹限界的，所以含着更廣汎的世界觀之萌芽。在數學方面，也有同樣的關係存在。初等數學，處理不變數的數學，至少大部分是限於形式論理學的範圍內的，而處理變數的數學，——其最重要的部分爲微積分，——本質上，便不外應用辯證法於數學的關係上。這時候，單純的證明，和這種方法之各種各式地應用於新研究領域的事實相比較，完全是處於下位的東西。然而高等數學的一切證明，從微積分的第一證明爲起，就初等數學的立場嚴格地說起來，牠是錯誤的。倘若想和這裏幹的一樣，用形式論理學來證明那在辯證法領域所得到的結果，那就不能不錯誤。對於杜林格君那樣粗糙的形而上學者，想單用辯證法來證明什麼，那和萊布里茨及其門徒對於當時的數學家，想證明微積分的命題一樣，是無益的努力。微積分——我們往後還要說，微分也在否定之否定上演着一個任務——對於那些數學家所惹起的病態，也和否定之否定對於杜林格君一樣。這些數學家們，在那時候還沒有死掉的，都快快地退讓了，他們的退讓，並不是確信了牠，只因牠經常地產生正確的結果之故。據杜林格君自己說，他的年齡才四十歲，我們希望他高壽，到那時他自然也得着同樣的經驗。

然則這可怕的否定之否定，竟使杜林格君的人生那樣不愉快，使他把這件東西所演的任務，看做和基督教方面對於聖靈的罪過一樣，簡直是不可赦免的犯罪，牠究竟是什麽?——這是極簡單的到處日常顯現的行動。如果掀開那掩藏牠的舊唯心主義哲學的黑幕,掀開杜林格君這樣無力的形而上學者以隱藏着爲利益的黑幕,那就是小孩子都能理解的東西。試舉麥粒爲例。無數的麥粒,都被搗之煑之而食之。若把那種麥粒之一,放在通常的條件之下,卽是撒在適當的土地上,牠便因溫度和濕氣而發生自己的變化,卽是發芽起來。於是麥粒的本身便消滅,便被否定,而從牠產生的植物起來替代牠,就是麥粒的否定。然則這植物的普通生涯怎樣?牠生長,開花,結實而至於再生出麥粒來,然而這麥粒一成熟,同時麥莖就枯死,植物的自身就被否定。這個否定之否定的結果,我們又復得着麥粒,可是所得的不僅一粒而已,實有十倍,二十倍,三十倍之多。麥的種類,是極緩漫地變化的,而今日的麥子殆和百年前的麥子一樣。但是,我們再取易於變形的裝飾植物來看,比如牡丹和蘭草,如果把牠的種子及由種子產生的植物,照栽植者的技術來處理,這個否定之否定的結果,我們便不僅只得到種子,還可得到開美麗之花的質的改良種子,這種過程每反復一次,而新的否定之否定的完美程度就提高一次。——和麥粒一樣,這過程在許多昆蟲如蝴蝶方面也實現出來。牠以卵的否定從卵中產生出來，到性的成熟而轉變，而交尾，於是又被否定，——因爲傳種過程完畢之後，雌蝶產卵無數而死亡。至於其他的動物和植物方面，這過程不是那樣單純地表現的；牠們在死亡之前，不但一次而是多次產生種子，產生卵或兒，這兩件事完全和這裏無關係，我們只證明否定之否定，實際上在動植物界也表現出來，就夠了。還有一層，全部地質學就是否定之否定的系列，就是舊岩層的崩坏與新岩層的結成相銜接的系列，初由原來的流動體之冷却而生的地殼，因大洋，氣象及風化（Atmosphäris=chchemsceh）的作用而破碎，這被破碎了的一些東西，遂冲積到海底。有時海底隆起於海面之上，這最初冲積的某部分，便再受雨的作用，季節之溫度變化的作用，空氣的酸素和炭素的作用；那從地球內部突破地層奔出來的溶漿而後來冷却了的岩石，也遇著同一的作用。於是幾百萬年間不斷地產生新層，不斷地崩坏大部分，不斷地供作新層的構成材料。然而結果實是積極的，換言之，就是這一事實：把從種種化學的要素混合而成的這塊地，弄成可用機械破碎的狀態，使能繁殖無數的多種多樣的植物。

在數學上也是一樣。我們取代數學上任意的數卽a來看。我們把牠加以否定時，便得到－a（減a），若再把這否定加以否定——用－a來乘－a，便又得到＋a卽原來的正數，然而這却是在更高的階段卽二乘上得到的。我們能夠因正數a的自乘而得到a^2，這件事不是問題。爲什麽呢？因爲否定之否定，確實在a^2的中間存着，牠經常有着兩個自乘根卽a和－a。不能離開這個否定之否定，不能離開含在自乘中的負數的根，這件事在二次方程式上，具着極明顯的意義，——在更高的分析上，卽是杜林格君自己所呼爲數學的最高運用，普通用語名爲微積分的那種『無限的小數之總和上，這個否定之否定，更加表現得明白。假定如在一定的問題上，有兩個可變量X和Y，其中一方，若沒有他方也順應某種情形而在一定的比例上同時變化的事情，牠便不能變化。我把X和Y加以微分，卽是假定X和Y是無限微小的東西，無論如何微小的實量牠都趕不上，因此，在X和Y的上面，簡直除了完全沒有實質基礎的那種相互關係，除了完全沒有量的那種量關係以外，什麽東西都不存在。這時候，X和Y這兩個微分的關係 $\frac{dy}{dx}$ 就是 $\frac{0}{0}$，而 $\frac{0}{0}$ 又被當做表現 $\frac{Y}{X}$ 的東西。這兩個消滅了的量關係，以及確定那種消滅的時刻，都是一個矛盾。然而正和牠在過去二千年來，不曾擾害過一般的數學一樣，並不是擾害我們的東西。那末，我除了否定——不是和形而上學的否定一樣，已經不睬牠，乃是在適應事態的方法上否定——X和Y以外，還做了什麼？我因此得到X和Y的替身，即是牠的否定，即是上述的公式或方程式上的dX和dY。我用這公式再繼續地計算一下：把X和Y，當做現實的量——縱然是某種例外的法則所支配的量——來處理，一旦達到一定的某點，就我把否定加以否定，即是把微分弄成積分，於是得到dx和dx的替身X和Y。此時我不是幹的和從前同樣的事情，乃是解決了一個普通幾何學代數學枉然恨牠的問題。

在歷史上也是一樣。一切文明的民族，都從土地共有起首。在脫離了某程度的原始階段之一切民族，這共有便隨農業之發展而變成生產的桎梏。牠被止揚，被否定，經過或長或短的中間階段而變為私有。然而在土地私有的自身所招致的農業發展的更高階段上，私有又轉而成了生產的桎梏，——這在今日看起來，無論是大規模的土地私有或小規模的土地私有，事實都如此。同樣，必然要產生一種要求，要否定土地私有，再把牠變爲共有。但是，這個要求，並不是指的原始共有之復活，乃是指的樹立起進化到更高級的共有形態，那不是生產的桎梏，反而是開始突破生產的障礙，使生產能夠充分地利用近化代學上的發見與力學上的發明的。

再舉其他例證說。古代的哲學，是原始的自然的唯物論。牠自身不曾把思惟對物質的關係弄明白。但是，因爲這點有弄明白的必要，遂產生了離開肉體的靈魂說，接着更產生了靈魂不滅的主張，結果便產生了一神教。換言之，古代唯物論爲唯心論所否定了。然而哲學更加發展時，唯心論也到達不能支持的境地，又爲近代的唯物論所否定。這近代唯物論——否定之否定，不是單純古代唯物論的再現，乃是在其殘存的基礎之上，添加着哲學和自然科學的二千年來的發展，並這二千年歷史的自身之全思想內容的，牠已經不是哲學而是單純的世界觀了，牠不是在某種奇僻的科學之科學上被實現被證明，而是在現實的科學上被證明被實現的。就是說，哲學在這裏『被止揚了』，換言之，就是『同時既被克服又被保持了』，從其形式上說，是被克服了；而從其實際的內容上說，却是被保持了。所以，在杜林格君所認爲單是『戲言』的區處，若更正確地下觀察，便看得出眞實的內容來。

最後，就盧梭的平等說——杜林格君的平等說，只算得貧弱的錯誤的剽竊——來講，若不是黑智兒的否定之否定——固然牠比黑智兒的誕生還早二十年——執行着產婆任務，也恐怕不能成立。牠並不是以那種情形爲可恥的，在其最初的敍述中，還明明白白地誇示着辯證法的產生。在自然及未開的狀態中，人類是平等的。盧梭因爲把言語看做自然狀態的惡化，所以他當然要把一個種屬的動物之平等，在其可能範圍內，適用到最近黑智兒所假設爲亞拉利(Alali)——不知語言的動物——的分類之獸人中去。然而這平等的獸人，具有優於其他動物的特性，即是完成性——自己發展的能力。於是這特性就成了不平等的原因。所以盧梭把不平等的發生，看做一個進步。然而這進步是一個矛盾，牠同時又是退步。『一切此後（從原始狀態脫離出來）的進步，盡是外觀上走向個人的完成而實際上却走向種屬的滅亡之步驟。金屬加工和農業這兩個技術的發明，就是引起這一革命的動力』(原始林森轉變爲耕作地，同時又因私有而引起貧困和隸屬)。『在詩人說起來，金和銀，在哲學者說起來，鐵和穀，一方面開化了人類，同時却破坏了人類的種屬』。文明的一切新進步，同時就是不平等的新進步。隨文明而起的社會，牠自身造出來的制度，變成牠的原來目的之反對。『人民設統治者的用意，是在於保護自己的自由，不是要牠破坏自己的自由，這是不可爭的事實，且是全體國法的根本法則』。然而這些統治者們，必然地變成人民的壓迫者，而這壓迫一旦達到某種程度，則走到了極端的不平等，又變成牠的反對，即是變成平等的原因。這就是在專制君主之前人人平等，因爲平等已經等於零了。『這裏有不平等的極點，有繞一周而遇着我們當初出發之點的那個終極點。這裏一切的私人都平等，就是因爲他們都沒有平等，臣民在君主的意志以外，沒有什麽法律的原故』。但是，專制君主要在有權力的時候，才是君主，所以，他『一旦被放逐，便不能說行使權力的話。……權力維持了他，權力又推倒他，一切都遵循着正當的自然的道程』。因此，不平等又變成平等，但這却不是變成那種不知語言之原始人往時的自然的平等，乃是變成更高的社會契約的平等。壓迫者反被壓迫，這就是否定之否定。

那末，我們在盧梭方面，不但可以看出他的思想路徑和馬克思的資本論中所述的全相吻合，而且在許多點上，還可完全看出和馬克思所用的同一辯證法的說法。卽是看出性質上是對立的，牠自身中含着矛盾的過程之說法，一極變成牠的對極之說法，最後當做全體核心的乃是否定之否定的說法。所以，卽令說盧梭在一七五四年，還不會說黑智兒的隱語，然他却在黑智兒出生的二十三年前，已經深深地陷於黑智兒病，矛盾的辯證法，純理性說，神學等中了。那怕杜林格君，他在利用兩個奏凱的人類而把盧梭的平等說膚淺化的時候，也是站在一種定要滑進否定之否定的掌中去的斜坡上。這兩個人的平等之繁榮的狀態，並且又被當做理想狀態敍述着的狀態，在哲學的二七一頁上，被呼做『原始狀態』。然而這原始狀態，據二七九頁說來，必然地爲『掠奪制度』所止揚，卽是第一否定。但是，我們現在沾現實哲學的洪福，到了實行廢棄這掠奪制度，而代以杜林格君所發明的建立在平等上的經濟公社的時候了，這就是否定之否定，更高階段上的平等。所以，杜林格君自己徹底犯了所謂否定之否定的重罪，眞是爽快的有益於擴大眼界的把戲呵！

然則否定之否定是什麼？那是極普遍的自然、歷史及思惟之發展的法則，惟其如此，所以是極廣泛的有効而且重要的法則。和我們已經知道的一樣，那是在動植物，地質學，數學，歷史，哲學上實現的法則，那怕杜林格君對牠施行一切的反對和抵抗，也要不知不覺地在自己的獨特方法上去遵從這法則。我固然把牠——例如麥粒的發展過程，呼做否定之否定，而對於麥粒從發芽到結實後莖子枯死的這種特殊的發展過程，却什麼都沒有說。何以？因爲如果不是那樣，那就如同說積分計算也是否定之否定，所以麥莖的生存過程是積分計算，或是社會主義一樣地無意義。然而形而上學者每每攻擊辯證法的，就在這一點。我對於此等過程，說是否定之否定時，是把牠們包括在那樣的一個運動法則之下的。惟其如此、所以不曾注視各個特殊過程的特殊性。辯證法，並不是超乎自然，人類社會及思惟的一般運動法則或發展法則的科學之外的東西。

但是，人們也許這樣地爭辨：這裏所指稱的否定，決不是眞正的否定，我把這麥粒搗碎的時候，我也否定了麥粒，我把昆虫踏死的死候，我也否定了昆虫，我把正數a抵銷的時候，我也否定了正數。或者又說：我如果說薔薇不是薔薇，那我就否定了薔薇是薔薇的命題，然而若再把這否定加以否定，說薔薇還是薔薇的時候，究竟生出什麼結果來呢？事實上，這種反對論，是形而上學者對於辯證法的主要的駁論，不過完全表示其思惟的笨拙而已。辯證法上所謂的否定，絕不是單純地說一個否而已，或說某物不存在或任意破坏牠而已的事情。斯賓諾查已經說過：Omnisdetermiuatio est negatio(凡限定都是否定)，即是一切的限制或規定都是否定的話。至於否定的形式，第一是爲過程的一般性質所限定，第二是爲過程的特殊性質所限定的。我不但否定，還要再止揚否定。所以我不能不在第二否定是可能的或作爲可能的上面，提出第一否定。然則怎樣辦呢？要依據各個場所的特殊性質。我把麥粒搗碎，把昆蟲踏死，雖然完成了第一行爲，却使第二行爲不可能。所以，各種事物，在否定的時候，都具有自己的獨特方式，可以否定到產生發展，而各種表象和概念也是一樣。在微積分上的否定，是異於從負根算出正數的自乘之方式的。這件事和其他的事實一樣，要牢記着才行。我僅靠麥莖和微積分都屬於否定之否定的這種簡單知識，既不能有效地種植麥子，也不能從事於微分和積分，這猶如只知道音節變化因弦的長短而定的這種簡單法則，不能立刻就彈四弦提琴一樣。但是，把a輪流地建立輪流地消滅，或對於薔薇輪流地說牠是薔薇又輪流地說牠不是薔薇，像這樣兒戲般的否定之否定，能夠靠牠產生的東西，明明只是採取那種無聊方法的人們之愚蠢罷了。然而形而上學者，在我們對從事於否定之否定的時候，他偏教我們相信那是正確的方法。

所以，說否定之否定是黑智兒所發明，是從宗教領域借來，建立在由墮落（犯罪）到解脫的歷史之上的類推，——用這來玩弄我們的，實在不是旁人而是杜林格君。人類在不知辯證法是什麼以前，已經很久地用辯證法思惟着，猶如沒有散文的語法以前，已經很久地用散文說着話一樣。的確，否定之否定的法則，在自然和歷史中實行着，並且在牠還未被認識以前，已經無意識地在我們頭腦中實行着，不過經黑智兒開始爲明確的組織罷了。如果杜林格君自己也祕密地用這法則，只嫌名稱不合胃口的話，再找一個好名稱是可以的。但是，如果想把這事實從思惟中驅逐出去，那就要先把牠從自然和歷史中驅逐出去，再發見一種$-a \times -a$不是$+a^2$，且用罰刑禁止微分和積分的數學好了。

十四　結論

我們對於哲學方面就這樣結束牠。此外，杜林格君還在該『講義』中敍着未來的想像，我們往後述及他的社會主義之變革時，常有觸到的機會。但是，究竟杜林格君向我們預約了什麼呢？約定了一切種種。那末，他直到現在遵行了什麼呢？完全什麼都沒有遵行。『現實的哲學之要素，即是以自然及生命的現實爲對象的哲學之要素』，『嚴密科學的世界觀』，『構成一個體系的思想』，其他由杜林格君以誇張的口吻大吹特吹出來的杜林格之功績，任在何時何地，都是純粹的欺騙，這種事實我們已經理解了。所謂『不妨害思想的深刻而建立了存在的根本形態』之世界圖型論，

十四　結　論　二二六

我們理解了那是剽竊自黑智兒的論理學而極膚淺化了的，並且和黑智兒論理學共通着一種迷信，相信這個根本形態或論理的範疇，在牠可以被適用的世界以前和世界之外，有着不可思議的存在。自然哲學給我們一個宇宙創成論，這宇宙創成論的出發點爲『物質的不變狀態』，牠是只有依據那對於物質與運動的關聯之不可救藥的混亂，才能考察的狀態，並且是只有假定惟一的人，世界外之人格的神——牠能夠把這狀態導入於運動——才能考察的狀態。現實哲學在論有機界的時候，牠於攻擊達爾文的生存競爭及自然淘汰說，是『違反人性的獸性』之後，說這兩者是第二次的東西，却又當做自然的行爲之槓桿，悄悄地從後門口拉進去了。而且，牠在生物學領域所表現出的無知程度，簡直從通俗科學的講演普及以後，在有教養的階級之少女中，不照燈籠都找不出來。在道德及法律的領域，和前面幹着黑智兒的膚淺化一樣，幹着盧梭的平庸化，並且關於法律學方面，雖然作了一切反對的證明，却只表明其無知識的程度，在最平凡的舊時普魯士法律家之間，都很少找得出來。『完全不容許單純外觀上的限界』之哲學，牠在法律方面，却滿足於普魯士國法的實施區域所籠罩的現實限界。我們還時時期待這個哲學所約的，用那種極強的變革運動，來我們的面前展開的『外的自然及內的自然之一切天和地』；同時，我們還期待着『終極的絕對眞理』，『絕對的根本性』。自稱其思惟方法，完全『排棄主觀所限制的世界觀』之哲學，牠不但因爲上面已經指摘過的自己極有缺陷的知識，因爲自己之狹隘的形而上學的思惟方法和奇怪的自負，被主觀所限制，還被孩子氣的個人妄想所限制，這種事實我們已經知道了。他如果不把自己對於煙草，貓子，猶太人的憎惡，作爲普遍適用的法則來強迫全體人類（猶太人也包含在內），便不能完成他的現實哲學。他的對旁人的『眞正批判立場』，就是把人家並沒有說過，而是他自己創造的東西拿來誣人家。他的庸俗題目寫成的關於人生價值及人生享樂之最好方法的冗長著作，是哥德對於浮士德的憤怒之類的粗野。至於哥德以不道德的浮士德爲主人公，不以眞實的現實哲學者瓦格拉爲主人公，這確是奇怪事情。——總而言之，現實哲學這東西，其全體若借黑智兒的話說，是『德國的貧弱的啓明哲學之膚淺的人造花』，這種人造花的貧弱和明顯的平凡，不過被冗長的神話之殘屑所遮蔽所混淆而已，這是我們知道了的事實．所以，我們讀完該書之後，不能不完全放棄期待而作以下的聲明：『新的思惟方法』，『根本獨特的結論及見解』，『構成一個體系的思想』，雖然向我們提示了種種新的無意義，終沒有一行可以讓我們學得什麼。簡直和路傍叫賣的商人一樣，大吹大擂地誇他自己的技術和商品，其實祇講些大話以外，什麼東西都沒有，這種一無所有的傢伙，偏大膽地稱費喜丁和謝林格及黑智兒這般人——實在其中最貧弱的都比他偉大——爲牛屁大王。誠然牛是屁大王，但不知到底是誰？　（完）

1930 9 9 付印

1930 12 1 出版

1——2000册

反杜林格論

上冊 實價大洋 1.0[illegible]

這是「

敍述明詳，

裁言，是社

譯者 錢鐵如

出版者 崑崙書店

上海 浙江路益衆地產公司四樓 崑崙書店發行

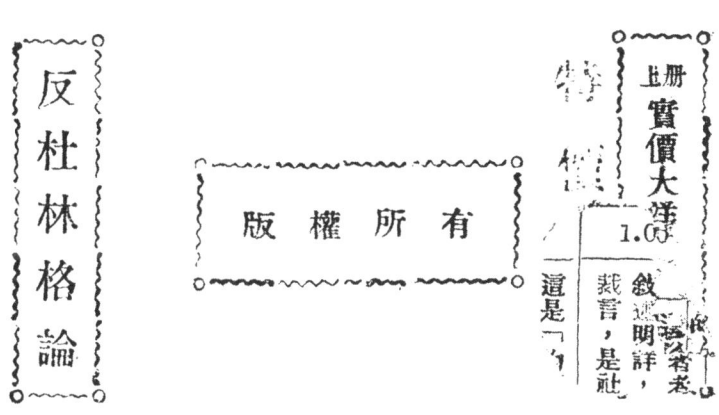